난세에 통하는

리더의
계책

《정관정요》와 《사기》에서 배우는 위기 경영 리더십

난세에 통하는
리더의
계책

신동준 지음

한국경제신문

《정관정요》와《사기》의 활용

●

고금동서를 막론하고 모든 경쟁과 싸움은 결국 사람과 조직의 우열에서 성패가 갈리게 마련이다. 특히 난세의 시기에는 더욱 그렇다. 사서에 나오는 제국의 흥망사가 이를 뒷받침한다. 관건은 '조직 경영'과 '사람 경영'에 있다. 이 둘은 동전의 양면처럼 불가분의 관계를 이루고 있다. 이를 살피는 데 동양의 고전 가운데《정관정요》와《사기》처럼 좋은 책도 없다.

1부 '《정관정요》에서 배우는 조직 경영'은《정관정요》에 나오는 창업創業과 수성守成의 사례 가운데 현대의 조직 경영 이론에 써먹을 만한 12가지 사례를 선정한 것이다. 이들은 대략《사기》에서 추출한 12가지 사람 경영 사례와 짝을 이루고 있다.《정관정요》를 조직 경영 이론의 기본 텍스트로 택한 것은 성리학이 만연하기 이전까지만 해도《정관정요》가 최고의 제왕학서로 널리 통용된 점을 감안한 결과다. 실제로 조직 경영에 관한 이론 및 사례에서《정관정요》만큼 잘 정리되어 있는 고전도 없다. 현재 황족을 포함해 귀족들이 다니는 일본의 학습원대학學習院大學은 개교 이래 21세기인 현재까지도 줄곧《정관정요》를 교양필수 과목으로 정해놓고 있다.

본래《정관정요》는 당나라의 사관 오긍吳兢이 역사적 사실을 토대로 당태종 때의 성세盛世 배경을 분석한 대표적인 제왕학서다. 청조의 강희제와 더불어 최고의 성군으로 손꼽히는 당태종 이세민의 장점과 단점이 적나라하게 기술돼 있다. 모두 오긍이 직필直筆을 고집한 덕분이다.

《정관정요》의 가장 큰 미덕은 난세에 필요한 패도霸道의 창업 이론과 치세에 통용되는 왕도王道의 수성 논리를 하나로 녹인 데 있다. 창업과 수성을 관통하는 핵심어는 뛰어난 인물을 스승 내지 친구로 삼는 '사우師友'와 겸손한 자세로 매사에 임하는 '겸하謙下' 정신에 있다. 이는 21세기에도 그대로 적용되는 조직 경영의 대원칙에 해당한다.

《사기》는 주지하다시피 사성史聖의 칭송을 받는 사마천이 필생의 심혈을 기울여 완성한 천고의 명저다. 등장인물 모두 마치 눈앞에 살아 움직이는 것처럼 생생하다. 특히 절반 이상을 차지하고 있는 〈열전〉은 더욱 그렇다. 한 사람 내지 몇 사람의 전기물傳記物 형식으로 꾸며진 덕분이다. 반면 〈본기〉와 〈세가〉는 기본적으로 연대기 형식으로 편제돼 있다. 그러나 인물에 따라서는 〈열전〉을 방불할 정도로 해당 인물의 행보가 매우 소상히 소개되어 있다. 내용면에서 〈열전〉과 하등 차이가 없다.

원래 〈본기〉와 〈세가〉 그리고 〈열전〉의 구분은 서술 대상이 천자, 제후, 공경대부, 일반인인지 여부에 따른 차이일 뿐이다. 따라서 중요 인물의 경우 〈본기〉 혹은 〈세가〉에 실려 있을지라도 〈열전〉만큼이나 그 모습이 매우 생생히 묘사돼 있다.

〈본기〉와 〈세가〉, 〈열전〉의 사람 경영 사례는 모두 그 내용과 문체가 뛰어나다. 수천 년 동안 독자들로 하여금 《사기》를 읽다가 자신도 모르게 책상을 치고 가슴을 두드리게 만드는 이유다.

2부 '《사기》에서 배우는 사람 경영'은 〈본기〉와 〈세가〉, 〈열전〉을 통틀어 춘추전국시대 및 초한전의 시기를 대표할 만한 12명의 인물을 추출한 뒤 그들의 리더십을 집중 조명했다. 이들이 구사한 득인술得人術과 용인술用人術의 요체를 쉽게 파악할 수 있을 것이다.

이 책을 통해 독자들은 《정관정요》를 관통하는 12가지 조직 경영이론과 《사기》에 기술된 12명의 영웅호걸이 보여준 현란하고도 지혜로운 사람 경영 등 총 24가지 계책이 미국과 중국 두 나라가 격돌하는 오늘날 G2시대의 난세에도 그대로 적용할 만한 것들이라는 사실을 알 수 있을 것이다. 어떤 상황에 어떠한 계책을 적절하게 활용할 것인지의 여부가 위기 극복과 새로운 도약의 성패를 판가름할 것이다.

하늘에 두 개의 태양이 떠 있을 수 없듯이 G2시대는 일종의 과도기에 해당한다. 2017년에 접어들면서 전대미문의 현직 대통령 탄핵 사태가 빚어진데 이어 북한의 핵개발로 인한 전 세계 차원의 제재가 전개되면서 한반도 위기가 최고조로 치닫고 있다. 가히 '난세 중의 난세'로 일컬을 만하다.

그러나 위기는 동시에 절호의 기회이기도 하다. 우리의 노력 여하에 따라 민족의 염원인 통일도 이뤄낼 수 있다. 개인과 기업, 국가 차원의 슬기로운 대처가 절실한 이유다. '중국몽中國夢'을 얘기하며 G1등극을 공식화하고 있는 중국을 이해하는 데 《사기》와 《정관정요》만큼 좋은 고전도 없다. 서둘러 이 책을 쓰고 펴낸 이유이기도 하다. 모쪼록 이 책이 조만간 닥쳐올 한반도 통일과 그 이후의 명실상부한 '동북아 허브시대'를 여는 데 앞장서고자 하는 모든 사람에게 나름 도움이 됐으면 하는 바람이다.

2017년 겨울, 학오재에서
신동준

· 차례 ·

II 《사기》에서 배우는 사람 경영

《정관정요》의 가장 큰 미덕은 난세에 필요한 패도의 창업 논리는 물론
치세에 통용되는 왕도의 수성 논리를 하나로 녹인 데 있다.
이를 이루는 최상의 방안은 경륜이 높은 원로를 제사 내지
왕사로 모시는 것이고, 차선은 곁에 사우를 두는 길이다.

I

貞觀政要

《정관정요》에서 배우는
조직 경영

당태종 이세민은 청조의 강희제와 더불어 중국의 전 역사를 통틀어 최고의 성군으로 손꼽히는 인물이다. 그의 치세 때 당나라는 정치경제와 문화예술 등 모든 부면에서 최고의 성세를 이뤘다. 이른바 '정관지치貞觀之治'다. 이를 두고 사가들은 전한 때 문제에서 경제에 이르는 문경지치文景之治와 청조 때 강희제에서 건륭제에 이르는 강건성세康乾盛世와 더불어 '3대 성세'라 일컫는다.

앞서 언급했듯이 《정관정요》의 가장 큰 미덕은 난세에 필요한 패도의 창업 논리는 물론 치세에 통용되는 왕도의 수성 논리를 하나로 녹인 데 있다. 창업과 수성을 관통하는 핵심은 겸손한 자세로 임하는 것에 있다. 또한 이를 이루는 최상의 방안은 경륜이 높은 원로를 제사帝師 내지 왕사王師로 모시는 것이고, 차선은 곁에 사우를 두는 길이다. 사우는 '사신師臣'과 '우신友臣'을 합친 말로 '스승 같은 신하' 혹은 '친구 같은 신하'를 뜻한다. 당태종이 이를 행했다. 《정관정요》〈논정〉에 이를 뒷받침하는 내용이 나온다.

"짐은 사서를 읽으면서 옛 제왕 가운데 교만하고 자만심에 가득 차 결국 실패한 사례를 많이 보았다. 내심 교만과 자만에 빠질까 두려워하는 이유다. 매번 신하들의 솔직하고 바른 건의와 간언을 들을 때마다 정치 교화에 이를 그대로 반영하면서 그들을 사우로 대우하고자 했다."

역사적으로 볼 때 사우라는 말은 조조가 최초로 언급했다. 당태종은 《정관정요》에서 조조를 비판했지만 위국공 이정李靖과 함께 역대 병서의 장단점을 논한 《당리문대唐李問對》에서는 현존하는 《손자병법》의 원형에 해당하는 조조의 《손자약해孫子略解》를 자주 인용하며 그를 크게 칭송했다.

조조는 위왕魏王의 자리에 오를 때 최측근인 하후돈을 위나라가 아닌 한나라 조정의 관직에 임명하면서 다음과 같이 말한 바 있다.

"내가 듣건대 신하 가운데 최상은 사신이고, 그 다음은 우신이라고 했다. 무릇 신하란 덕을 귀하게 여기는 사람이다. 어찌 구구하게 위나라의 신하가 되어 나에게 몸을 굽힐 수 있겠는가?"

고금을 막론하고 사우를 두지 못하면 최소한 똑똑한 참모만이라도 곁에 두고 그들의 계책을 적극 활용할 줄 알아야 한다. 천하의 인재를 두루 그러모으는 게 관건이다.

현재 G2시대의 한복판에 있는 한반도는 절체절명의 위기상황에 처해 있다. 한반도를 둘러싼 안팎의 사정이 모두 좋지 않다. 그러나 고금의 역사가 증명하듯이 위기는 곧 기회다. 최고조로 치닫고 있는 위기상황을 전화위복轉禍爲福의 계기로 삼고자 하는 모든 사람에게 《정관정요》의 '사우 정신'은 큰 도움을 줄 것이다.

· 제1강 ·

과감히 승부수를 던져라

결단계

●

決斷計

이세민의 야망

《구당서》와 《신당서》는 당고조 이연을 평범한 무부武夫로 그려놓았다. 이연은 특별히 뛰어난 인물은 아니었지만 그래도 나름 몇몇 뛰어난 면모가 있었다. 그러나 후사 문제로 보위를 둘러싼 자식들 간의 유혈투쟁인 '현무문玄武門의 정변'이 일어나기도 했다.

이세민은 정치군사적 능력이 뛰어난데다 야심 또한 컸다. 전투마다 참여해 악전고투 속에 승리를 거뒀다. 이세민은 태자의 자리를 넘보고 있었다. 당대 최고의 책사로 평가받는 방현령房玄齡은 부황의 신임을 얻기 위한 다양한 계책을 제시하며 이세민을 부추겼다.

무덕 4년(621) 7월, 23세의 개선장군 이세민을 위해 이연이 성대한 주연을 베풀며 '음지飮至'의 예를 행했다. 음지란 개선장군이 황제에게 전과를 보고하고, 황제가 술잔을 내려 전공을 치하하는 의식을 말한다. 고금동서를 막론하고 난세의 후계자 경쟁에 전공戰功만큼 유리한 것도 없다. 실제로 이해 10월, 이세민은 '천책상장天策上將'에 제수됐다. 이세민의 전공을 기리기 위해 특별히 새로 만든 관호官號로 모든 장수의 우두머리라는 뜻이었다. 태자인 이건성과 갈등이 싹트기 시작한 배경이기도 하다.

당시 이세민의 휘하에는 뛰어난 인재들이 매우 많았다. 무관으로는 울지경덕尉遲敬德과 진숙보秦叔寶 등 기라성 같은 명장이 즐비했고, 문관으로도 방현령과 두여회杜如晦 등 이른바 '18학사學士'가 포진해 있었다. 18학사는 단순한 학자들이 아니라 이세민을 보위에 올려놓기 위한 정예 참모집단이었다. 학자들을 세 그룹으로 나눠 한 그룹씩 돌아가면서 진왕부秦王府에 남아 있다가 이세민이 돌아오면 함께 시국을 논했다. 일종의 '국정자문단'에 해당했다.

참모를 포섭하라

태자 이건성과 천책상장 이세민의 경쟁은 여러모로 이건성이 유리했다. 그의 휘하에도 당대 최고의 현사로 불리는 위징魏徵을 비롯해 왕규王珪, 위정韋挺 등 내로라하는 많은 인재가 포진해 있었다. 종친들도 태자 이건성을 지지했다. 무엇보다 중요한 것은 부황 이연의 신임이었다. 이연은 이세민에게 보위를 넘길 생각이 없었다. 문제는 이세민의 전공이 너무 휘황하다는 것이었다. 이건성은 내심 초조해했다.

무덕 5년(622) 말, 하북에서 유흑달이 2차 기병을 하면서 이건성에게도 기회가 왔다. 위징이 이건성에게 건의했다.

"진왕의 기세가 천하를 덮고 있습니다. 태자는 그동안 궁중에 있었기에 백성의 신망을 아직 받지 못하고 있습니다. 이번 기회를 이용해 적극 출정하십시오. 하북을 평정하고 그곳의 인재와 교분을 맺어서 후방의 교두보를 확보해야 합니다."

이건성이 곧 이연의 재가를 받아 위징과 함께 토벌에 나섰다. 위징의 예상대로 이건성은 유흑달을 성공적으로 제압했다. 비록 아우 이세민의 공훈을 능가할 만한 전공은 아니었지만 나름 군사적 재능을 세상에 떨치기에는 충분했다. 더구나 그는 또 다른 아우인 이원길과 함께 토벌에 나섬으로써 이세민을 견제할 수 있는 막강한 후원 세력을 얻었다.

당시 이연은 무려 20여 명에 가까운 자식을 두고 있었다. 어린 황자의 생모인 후궁들은 자식의 앞날을 위해 여러 면에서 우세를 점한 태자 이건성에게 기댔다. 이연이 총애한 장첩여張婕妤와 윤덕비尹德妃가 대표적이었다. 이건성은 황위를 순조롭게 잇기 위해 이들을 친어머니처럼 받들면서 진귀한 선물을 자주 보내 환심을 샀다. 이연에게 수시로 자신에 관해 좋게 말해줄 것을 기대한 것이다.

물론 이세민도 손을 놓고 있던 것은 아니다. 전장에서 얻은 많은 보물을 적극 활용해 뇌물공세를 폈다. 부인 장손씨長孫氏가 그 책임을 맡았다. 정치적인 감각이 뛰어난 그녀는 남편을 위해 주로 궁중에서 생활하며 늘 공손하며 선량한 태도로 궁녀와 비빈을 대했다.

시간이 지나면서 양측의 대립은 점차 직접적인 충돌로 나타나기 시작했다. 음해공작이 본격화된 것이다.

사생결단의 승부수

통상 양측의 세력이 엇비슷한 상황에서 승패를 결정짓는 것은 늘 선제공격이다. 실제로 배짱이 두둑하고 결단력이 있는 이세민이 선제공격을 가해 대세를 결정지었다. 당시 양측이 심혈을 기울인 것은 상대방의 핵심 인재에 대한 영입 작업이었다. 이세민의 배포가 훨씬 컸다. 그의 통 큰 시도가 그대로 적중했다. 그가 최후의 승리를 거머쥔 이유다.

물론 이건성에게도 몇 번의 기회가 있었다. 그러나 그는 그 순간마다 결단하지 못하고 머뭇거렸다. 최상의 방안을 찾느라 시간을 허비한 것이다. 객관적으로 볼 때 태자인 이건성 측이 모든 면에서 우세했고, 음험한 수단을 구사할 필요성을 절감한 쪽은 오히려 이세민 측이었다. 그러나 도발은 이건성 측이 했다.

무덕 7년(624) 말, 이원길이 이연의 면전에서 이세민의 핵심 참모인 울지경덕을 모함했다. 곧바로 처형할 것을 주장했으나 이세민이 강력 반발했다. 울지경덕은 간신히 목숨을 구했지만 이건성 측의 공세 수위는 날이 갈수록 높아졌다. 대세를 일거에 확정 짓기 위한 조바심이 반영된 행동이었다. 이는 나름 효과를 거뒀다. 이세민의 핵심 참모인 정지절程知節을 강주자사康州刺史로 쫓아낸 것이 대표적이었다. 이건성과 이원길은 여세를 몰아 방현령과 두여회마저 이세민 곁에서 떼어내기 위한 작업에 들어갔다. 곧바로 다음과 같이 상서했다.

"우리 세 형제 사이를 이간질하는 자는 바로 진왕부에 있는 방현령과 두여회입니다. 이들에게 무거운 벌을 내려 형제 간의 반목을 미연에 막아야 합니다."

이건성에게 좀 더 마음이 있던 이연이 이를 좇았다. 곧 두 사람에게 속히 이세민의 본거지인 진왕부를 떠날 것을 명했다. 이로써 대세는 이건성쪽으로 완전히 기울어지는 듯했다. 그러나 세상일은 참으로 묘하다. 뜻하지 않은 곳에서 극적인 반전이 일어났다.

무덕 9년(626) 5월, 돌궐의 군사가 문득 변경을 침공했다. 이건성은 흥분하며 전공을 세울 수 있는 절호의 기회가 왔다고 판단했다. 곧 부황 이연에게 상서를 올렸다. 태자인 자신을 총사령관에 임명해달라는 내용이었다.

이연의 승낙을 받아 총사령관에 임명된 이건성은 의기양양했다. 출정에 앞서 이세민의 핵심 참모인 울지경덕과 정지절, 진숙보 등을 부장部將으로 데려가겠다고 요구했다. 이세민의 병권을 박탈한 뒤 제거하려는 속셈이었다. 이연이 이를 수락했다. 이세민은 깊은 고민에 빠졌다. 명을 거부할 경우 조정의 의심을 받을 수밖에 없고, 받아들일 경우 진왕부는 껍데기만 남게 되는 상황이었다. 더 이상 물러날 곳이 없었다. 생사를 가르는 선택의 순간이 다가온 것이다.

이해 6월 3일, 이세민은 이연에게 이건성과 이원길의 죄상을 고발하는 글을 올렸다. 이어 다음 날 먼저 손을 썼다. 이연에게 미리 글을 올린 것은 거사의 명분을 확보하기 위한 조치였다. 사서는 당시 이원길이 출정하는 날 저녁 연회에서 이세민과 진왕부의 부장을 일거에 살해하려 했기에 부득불 손을 쓸 수밖에 없었다는 기록해놓았다. 이건성과 이원길의 음모는 이세민 측에 포섭된 왕질王晊에 의해 들통이 났다고 덧붙여놓았다.

원래 유리한 위치에 서게 되면 모험을 피하게 마련이다. 사생결단의 승부수는 대개 궁지에 몰린 측에서 던진다. 이연이 이세민에게 이튿날 아침 입궁할 것을 통보했다. 이건성과 이원길에게도 똑같이 사람을 보내 입궁을 명했다. 배적裴寂과 소우蕭瑀 등 원로대신도 입궁시켜 세 아들의 불화를 근원적으로 해소할 심산이었다.

6월 5일 새벽, 이세민이 장손무기 등과 함께 황궁의 북문인 현무문 주위에 자객을 매복시켰다. 이건성은 이를 전혀 눈치채지 못했다. 호위병을 데리고 갈 것을 권한 참모들의 건의도 일축했다. 당시 장안성에는 이세민이 지휘할 수 있는 병력이 거의 없었다. 반면 이건성은 오랫동안 장안성의 수비를 담당한 덕분에 수만 명의 금위군을 즉각 지휘할 수 있었다. 금위군의 장군 대부분이 그의 측근이었다.

문제는 허를 찌르는 기습공격에 대한 대비책이 없었다는 데 있다. 현무문의 수문장 상하常何는 원래 이건성의 심복이있다. 그기 이세민 측에 매수됐다. 이것이 두 사람의 운명을 갈랐다.

 당시 이건성은 동생 이원길과 함께 말을 타고 현무문을 통과하면서 사방이 쥐죽은 듯 조용한 게 마음에 걸렸다. 문득 문 주위에 그림자가 어른거리는 것을 보고 뒤늦게 사태의 심각성을 깨달았다. 곧바로 이원길에게 소리쳤다.

 "위험하다, 말을 돌려라!"

 그러나 때는 이미 늦었다. 이건성은 화살을 맞고 말에서 떨어져 즉사했다. 달아나던 이원길 역시 온몸에 화살을 맞고 죽었다. 소식을 들은 동궁부의 시위대가 혼란에 빠진 사이 이세민의 부인 장손씨가 친히 진왕부의 병력을 이끌고 현무문으로 달려왔다. 하지만 이는 상황 종료를 선언하는 극적인 장면일 뿐이었다. 이것이 바로 '현무문의 정변' 사건의 전말이다. 모든 면에서 유리했던 이건성의 패배는 기본적으로 지나친 자신감에서 비롯됐다.

 정변이 있고 사흘 뒤인 이해 6월 7일, 이연이 조서를 내려 이세민을 황태자로 삼았다. 얼마 후 다시 조서를 내려 양위를 선언했다. '정관지치'의 개막 선언이었다.

 이세민은 기회가 오자 생사를 가르는 과감한 결단으로 일을 마무리 짓고 자신의 시대를 열었다. 이는 위험부담을 감수하는 배짱이 있었기에 가능했다. 이런 배짱과 결단이 가능성이 거의 없는 '도박'을 성공으로 이끈 것이다.

대세를 좇아 변신하라

응변계

●

應變計

기정병용의 묘리

전쟁 등의 비상상황에서는 사람들 모두 본능적으로 최악의 상황을 염두에 두고 움직인다. 순간의 선택에 생사가 갈리기 때문이다. 그러나 평시에도 얼마든지 비상상황이 빚어질 수 있다. 평소 임기응변의 훈련이 필요한 이유다. 이는 마치 수학실력을 키울 때 단순히 공식을 외우는 것보다 다양한 응용문제 푸는 능력을 기르는 것이 더 중요한 것과 같다.

《손자병법》〈시계〉에서는 이러한 임기응변 능력을 '인리제권因利制權'으로 표현했다. 한 치 앞을 내다보기 어려운 전쟁터에서 자신에게 유리하게 판이 돌아가도록 주도권을 장악하는 것을 말한다.

"전쟁터의 주도권은 임기응변에서 나온다. 임기응변은 상황의 변화를 좇아 재빨리 그에 부응하는 전략전술을 구사해 계속하여 주도권을 쥐고 있는 것을 말한다."

인리제권은 정규전을 뜻하는 '정병正兵'과 비정규전을 뜻하는 '기병奇兵'을 섞어 쓰는 '기정병용奇正并用'의 묘리를 터득해야만 가능하다. 당태종 이세민은 군웅을 평정하는 과정에서 기정병용의 묘리를 터득한 덕분에 매번 승리를 거머쥐었다.

하루는 당태종이 이정에게 물었다.

"짐이 수나라 장수 송노생宋老生을 격파할 때의 일이오. 접전 초기 정면승부를 겨룬 아군이 일시 후퇴하게 됐소. 짐이 갑옷으로 무장한 철기鐵騎를 이끌고 달려갔소. 적의 측면을 치면서 후방이 차단된 송노생의 군사를 대파하고 송노생도 포로로 잡았소. 이는 정병이오, 기병이오?"

이정이 대답했다.

"용병할 때 진격하는 군사를 정병, 후퇴하는 군사를 기병이라고 합니다. 당시 아군이 일시 후퇴하지 않았다면 어떻게 송노생의 군사를 우리 쪽으로 유인할 수 있었겠습니까? 《손자병법》에서 말하기를 '적에게 미끼를 내보여 유인하고 혼란한 틈을 이용해 취한다'고 했습니다. 송노생은 자신의 용맹만 믿고 서둘러 진격했다가 뜻밖에 뒤가 차단됐고, 결국 사로잡히게 된 것입니다."

"고구려가 내 말을 듣지 않고 있소. 지금 고구려를 치고자 하는데 경의 생각은 어떻소?"

당태종이 다시 한번 묻자 이정이 대답했다.

"신이 듣건대 연개소문은 병법에 능하다고 자부하며 중국은 감히 고구려를 치지 못할 것으로 호언했다고 합니다. 그가 폐하의 조명詔命을 듣지 않는 이유입니다. 신에게 3만 명의 군사를 내주면 그를 사로잡을 수 있습니다."

"3만 명의 군사는 너무 적지 않소? 게다가 고구려는 멀리 떨어져 있소. 공은 정병과 기병 가운데 어떤 전술로 임하려는 것이오?"

"정병으로 공략하고자 합니다."

"돌궐을 평정할 때는 기병을 사용하지 않았소? 어찌하여 이번에는 정병을 사용하려는 것이오?"

"제갈량은 남만南蠻을 정벌할 때 맹획을 일곱 번 놓아주었다가 일곱 번 다시 포획하는 '칠종칠금七縱七擒'을 행했습니다. 정병만 구사해 그런 성과를 거둔 것입니다. 신도 돌궐을 칠 때 몇 천 리나 진격해 들어갔습니다. 그때 정병이 아니었다면 어찌 그처럼 멀리 원정을 떠날 수 있었겠습니까?"

당태종이 물었다.

"경의 말을 좇을 경우 후퇴한 군사는 모두 기병이라고 할 수 있는 것이오?"

"그건 아닙니다. 퇴각할 때 깃발이 흔들리는 등 떠들썩하기만 할 뿐 통일이 되지 않는 것은 패군敗軍의 움직임입니다. 이는 기병이 아닙니다. 깃발이 가지런하고, 북소리 장단이 맞고, 호령이 통일돼 있으면 설령 외양상 혼란스런 모습을 보일지라도 결코 패군으로 볼 수 없습니다. 거기에는 반드시 기계奇計가 숨겨져 있습니다. 《손자병법》에서 '짐짓 패한 척하는 군사는 뒤쫓지 말라'고 당부한 이유입니다. 또 《손자병법》은 '전황이 유리할지라도 적군에게는 짐짓 불리한 듯이 보여라'라고 했습니다. 모두 기병을 얘기한 것입니다. 용병에 능한 장수는 정병과 기병을 섞어 사용합니다. 이는 전적으로 장수의 능력에 달려 있습니다."

《손자병법》을 비롯한 모든 병서가 상황에 따라 임기응변할 줄 알아야 능히 승리를 거둘 수 있다고 역설한다. 병이 났을 때 똑같은 증상일지라도 사람들의 체질에 따라 서로 다른 처방을 내려야 하는 것과 같은 이치다.

싸움은 장수에게 맡겨라

무덕 3년(621), 당나라 군사가 강릉江陵에서 황제를 칭한 후량後梁의 소선蕭銑을 생포해 장안으로 압송했다. 여러 장수들이 소선을 비롯한 후량의 대신들 가산을 몰수해 병사들에게 나눠주고자 했으나 사령관 이정이 반대했다. 후량의 장수들 모두 이정의 이런 조치에 감격해 귀순했다. 많은 병서가 장수에게 싸움의 전권을 위임해야 한다고 역설한 것도 이런 맥락에서 이해할 수 있다.

하루는 당태종이 이정에게 이같이 말했다.

"경은 소선을 제압할 때 뛰어난 조치로 장강과 한수 일대의 백성들을 감복시켰소. 경이 행한 조치를 생각하면 '문덕文德은 병사들을 붙좇게 만들고, 무위武威는 적을 위협해 굴복시킨다'는 옛말이 연상되오."

이정이 대답했다.

"신이 돌궐을 공격할 때 호인과 한인의 병사들을 이끌고 요새에서 천 리나 떨어진 곳까지 진출했으나 적장의 목을 벤 적은 단 한 번도 없었습니다. 진심으로 그들을 대하고, 지극한 공심公心으로 일을 처리했을 뿐입니다."

싸움은 장수가 한다. 군주 역시 친정親征에 나설 때는 장수의 역할에 충실해야 한다. 정작 문제가 되는 것은 군주가 조정에 있고, 장수가 군사를 이끌고 출정할 때다. 《손자병법》〈구변〉에서는 이에 대하여 다음과 같이 정리해놓았다.

"장수는 군명을 받아들이는 게 원칙이나 상황에 따라서는 일시 거부할 수 있다."

이를 두고 조조는 《손자약해》에서 이같이 풀이했다.

"전쟁터의 상황은 늘 급변하는 까닭에 장수는 오직 현장의 상황 변화에 따라 움직여야 한다. 군주의 명에 얽매일 필요가 없는 이유다. 그래서 말하기를 '중앙 조정의 통제를 좇지 않아도 좋다'고 한 것이다."

삼국시대 당시 제갈량은 군령을 제대로 이행하지 않은 점을 이유로 눈물을 흘리며 총애하는 마속의 목을 베었다. 인구에 회자하는 이른바 '읍참마속泣斬馬謖'이다. 자신이 사령관으로 출정한 1차 북벌 당시 가장 중요한 싸움인 가정전투에서 마속이 자신의 명을 좇지 않고 멋대로 싸운 탓에 참패한 것을 징벌한 것이다. 명령은 반드시 지켜져야 한다는 병법의 기본 원칙을 고수한 결과다. 제갈량의 저서 《장원》〈가권〉에 이런 구절이 나온다.

"군주가 장수에게 상벌의 권한을 주지 않으면 이는 마치 원숭이의 손을 묶어놓고 신속히 나무 위로 뛰어 오를 것을 명하는 것과 같다. 상벌의 권한이 권신의 손에 있고 장수에게 없다면 장병들 모두 자기 이익만 도모할 것이다. 이런 상황에서 그 누가 투지를 불태우겠는가? 《손자병법》에서 '장수가 일단 출정하면 군주의 명에 구애받지 않는다'고 말한 이유다. 전한 때 주아부周亞夫도 말하기를 '군중에서는 오직 장수의 명만 따를 뿐 천자의 명을 따르지 않는다'고 했다."

주아부는 한경제 때 '5초7국吳楚七國의 난'을 진압한 장수다. 그는 적이 지칠 때까지 성문을 굳게 닫고 일절 싸움에 응하지 않았다. 필승의 계책을 강구한 것이다. 모든 싸움이 그렇듯이 적이 크게 지쳐 있을 때 치는 게 최상책이다. 그가 한경제의 명을 좇아 적과 정면으로 맞붙었다면 '5초7국의 난'을 쉽게 평정할 수 없었을 것이다. 일단 장수를 선발했으면 작전을 비롯한 구체적인 용병은 해당 장수에게 맡겨야 한다. 당태종이 후량의 소선을 제압한 이정의 조치를 높이 평가한 이유다.

모든 병서가 전장의 장수에게 전권을 위임해야 한다고 역설한 것은 바로 임기응변의 이치를 통찰한 결과다.

작은 승리에 도취되지 마라

임기응변에 통달하기 위해서는 판 전체를 크게 볼 줄 알아야 한다. 특히 작은 승리에 취해서는 안 된다. 중간에 아무리 많은 승리를 거둘지라도 이는 그저 과정에 지나지 않는다.

《서경》〈주서〉에는 작은 승리를 경계하는 '위산구인為山九仞'과 '공휴일궤功虧一簣'라는 구절이 나온다. '아홉 길의 산을 쌓을 때 마지막 한 삼태기의 흙을 얹지 못해 완성시키지 못한다'는 말로 오래도록 쌓은 공로가 마지막 한 번의 실수나 부족함으로 실패하는 것을 뜻한다. 공자도 《논어》〈자한〉에서 같은 말을 했다.

"학문의 연마를 '산을 쌓는 것'에 비유하면 마지막 남은 한 삼태기의 흙을 얹지 못하고 그만 두는 것도 내가 그만두는 것이고, '땅을 고르는 것'에 비유하면 비록 한 삼태기의 흙을 얹기 위해 나아가는 것 또한 내가 나아가는 것이다."

고금동서를 막론하고 역성혁명을 통한 새 왕조나 반정反正을 통한 새 정권이 들어설 때 예외 없이 군주와 신하 모두 강한 군강신강君强臣强의 모습을 띤다. 군주는 혼란스런 상황에서 건곤일척乾坤一擲의 승부수를 띄워 대업을 이룬 만큼 남다른 의지와 결단력을 지닌다. 창업공신 내지 반정공신 또한 새가 나뭇가지를 가려 앉듯이 나름 이기는 쪽에 붙어 공을 이룬 만큼 남다른 지용智勇을 지니고 있다.

주목할 것은 초기에 아무리 토사구팽兎死狗烹을 통해 공신들을 제압하고 군강신약君强臣弱의 기반을 마련할지라도 이런 상황이 오래 유지될 수 없다는 점이다. 신하들을 능란하게 제압할 수 있는 현군賢君의 잇단 출현을 기대할 수 없기 때문이다. 창업한 뒤 반드시 제2의 창업이 일어나는 이유이기도 하다. 당태종과 조선의 세종대왕처럼 명군일수록 사서史書를 중시했는데, 이는 다양한 사례를 통해 임기응변의 이치를 터득하고자 한 것이다.

조직원부터 이롭게 하라

이민계

利民計

호리지성과 호명지심

'현무문의 정변'은 한비자의 성악설에 입각해 분석할 경우 크게 두 가지 특징을 지니고 있다. 첫째, 이익을 향해 무한질주하는 인간의 본성인 호리지성好利之性이 적나라하게 드러나고 있다. 둘째, 인간만이 지니고 있는 명예에 대한 강력한 심성인 호명지심好名之心 또한 못지않게 강력히 표출되었다. 호리지성과 호명지심이 정면正面이라면, 손해를 극도로 꺼리며 해악을 멀리하는 오해지성惡害之性은 그 반면反面에 해당한다. 이는 마치 동전의 양면과도 같다. 치욕을 극도로 꺼리며 폄훼貶毁를 멀리하는 오욕지심惡辱之心 또한 호명지심의 반면이다. 이들 심성은 한비자가 군주의 난세 리더십 요체로 거론한 인사권 및 상벌권과 밀접한 관련이 있다.

인사권 가운데 승진의 권한은 호명지심, 강등의 권한은 오욕지심과 밀접한 관련이 있다. 상벌권 가운데 포상의 권한은 호리지성, 형벌의 권한은 오해지성과 불가분의 관계를 맺고 있다. 인사권과 상벌권 모두 이러한 인간의 심성을 적극 활용할 줄 알아야 소기의 성과를 거둘 수 있다는 얘기다. 《한비자》〈칙사〉에서는 다음과 같이 말하고 있다.

"군주가 상벌을 행하면서 법도가 없으면 나라가 비록 클지라도 군사는 약해지고, 영토가 있어도 그의 영토가 아니고, 백성이 있어도 그의 백성이 아니다. 군주가 분에 넘치게 상을 내리면 백성을 잃고, 형벌을 잘못 내리면 백성들이 두려워하지 않게 된다."

군주가 인사권과 상벌권을 독점적으로 행사하는 것은 말할 것도 없이 국가공동체 전체의 이익을 도모하기 위한 것이다. 사사로운 인정에 얽매여서는 안 되는 이유다. 《한비자》〈제분〉에서는 그에 대해 이같이 갈파하고 있다.

"이익과 작록을 좋아하고, 형벌을 싫어하는 게 바로 백성의 호오好惡다. 군주가 백성의 이런 호오를 장악해 민력을 동원하면 실적을 거두지 못하는 일이 없다. 그러나 백성의 호오를 활용할지라도 금령이 가벼우면 실적을 기대할 수 없다. 상과 벌의 균형이 타당성을 잃었기 때문이다."

군주는 감정에 휘둘리지 말고 국가공동체의 이익을 위해 강력한 리더십을 바탕으로 인사권과 상벌권을 행사하라고 주문한 것이다.

이민과 불치민

득천하得天下와 치천하治天下 리더십은 난세와 치세의 논리만큼이나 차이가 크다. 그러나 공통점도 있다. 양자 모두 백성을 이롭게 하는 이른바 '이민利民'의 원칙에서 단 한 치도 벗어나 있지 않다는 점이다. 사서의 기록을 통해 확인할 수 있듯이 백성을 이롭게 하는 이민에 실패하면 해당 왕조와 정권은 오래 갈 수 없다.

이민의 정책은 크게 적극적인 것과 소극적인 것으로 나눌 수 있다. 노령 연금처럼 직접적인 혜택을 주는 방법은 적극적 이민, 세금과 형량 등을 감면해주는 것처럼 간접적인 혜택을 주는 방법은 소극적 이민에 해당한다. 호리지성과 호명지심은 적극적인 이민, 오해지성과 오욕지심은 소극적인 이민을 뒷받침한다.

객관적으로 볼 때 당나라는 이세민이 보위에 앉은 뒤에도 오랫동안 혼란의 도가니였다. 수성의 기틀이 완전히 다져지지 않은 탓이었다. 적극적인 이민을 실행할 여유가 없었다. 민력이 그만큼 피폐해 있었기 때문이다. 이런 때는 세금과 요역徭役 및 형벌 등의 감면 조치를 통한 소극적인 이민이 효과적이다. 이세민은 이를 통찰했다. 《정관정요》〈논사종〉에 나오는 다음의 일화가 이를 뒷받침한다.

정관 11년(637), 황제를 보필하는 시어사 마주馬周가 상소했다.

"지금 백성들은 창업이 이뤄진 지 얼마 안된 까닭에 아직 난세의 여진 속에 있습니다. 백성의 수가 겨우 수나라 때의 10분의 1 수준에 그치고 있는 것이 그렇습니다. 그럼에도 관청에 차출된 백성은 길거리에 줄을 지어갈 정도로 이어지고 있고, 형이 가면 동생이 돌아오는 것처럼 앞뒤가 끊어지지 않을 정도로 요역이 지속되고 있습니다. 비록 폐하가 매번 조서를 내려 요역의 감면을 명하고 있지만 해당 부서는 이에 아랑곳하지 않고 계속 일을 벌이고 있습니다. 폐하가 누차 시정 명령을 내리는데도 백성들이 겪는 고통이 전혀 달라지지 않는 이유가 여기에 있습니다. 수나라의 패망은 폐하가 직접 목도한 바와 같습니다. 태자는 깊은 궐 안에서 생장하는 까닭에 바깥 서민들의 삶을 경험한 적이 없습니다. 폐하 또한 붕어한 이후를 생각하면 우려되는 바가 있을 것입니다."

예나 지금이나 위에서 명령한다고 아래에서 곧바로 행해지는 게 아니다. 윗사람의 눈치를 보며 사리를 챙기려는 소인배들이 늘 존재하기 때문이다. 윗사람부터 솔선수범하는 엄정한 법치가 절실한 이유다. 이는 결코 백성들을 제어하려는 게 아니다. 복지부동伏地不動하며 사리와 당리를 꾀하는 관원들을 제압하기 위한 것이다. 한비자가 '통치의 관건은 백성이 아닌 관원을 통제하는 데 있다'는 이른바 '치리불치민治吏不治民'을 역설한 이유다. 이는 이민의 기본 원칙이기도 하다.

득민심과 득천하

천하를 거머쥐기 위해서는 민심을 붙들어야 한다. 이른바 득민심得

民心이다. 득민심의 요체 역시 이민에 있다. 공자는 《논어》〈자로〉에서 이를 '선부후교先富後敎'로 요약했다. 백성을 부유하게 만든 뒤 가르쳐야 한다는 주문이다. 교민은 부민, 부민은 이민이 전제되어야 한다. 그렇지 않으면 모든 게 공허한 정치 슬로건에 지나지 않는다. 이세민은 이를 통찰했다. 《정관정요》〈논탐비〉에 이를 뒷받침하는 일화가 나온다.

정관 초년, 당태종이 좌우 시신을 돌아보며 이같이 경계했다.

"사람에게 명주明珠는 귀중한 보물이오. 이것으로 참새를 맞춘다면 어찌 아깝지 않겠소? 하물며 명주보다 귀중한 사람의 목숨인 경우는 어떻겠소? 그런데도 금은과 비단을 보기만 하면 법망을 두려워하지 않고 뇌물을 수수하고 있으니 참으로 문제이지 않소? 이는 목숨을 아끼지 않는 짓이오. 그대들이 충정을 다해 백성을 이롭게 하여 나라에 도움을 주면 관직과 작위를 곧바로 얻을 수 있을 것이오. 뇌물로는 결코 부귀영화를 얻을 수 없다는 사실을 짐은 명확히 보여주겠소."

백성을 이롭게 만드는 이민에 헌신하는 것이 곧 나라에 도움을 주는 것이고, 그리하는 자에게는 높은 자리와 명예로운 작위를 내리겠다는 취지로 말한 것이다. 유사한 일화가 《정관정요》〈군신감계〉에도 나온다.

정관 6년(632), 당태종이 좌우 시신에게 말했다.

"짐은 주나라와 진나라의 득천하 과정에 큰 차이가 없다고 들었소. 그러나 주나라는 건국 이후 치천하 과정에서 백성에게 이익을 주는 이민에 노력했소. 덕분에 800년 동안 왕조를 지속시킬 수 있었소. 반면 진나라는 건국 이후 방종과 사치와 음란을 일삼았소. 불과 2대만에 곧바로 패망한 이유요. 짐은 하나라 걸桀과 은나라 주紂는 제왕이지만 필부들조차 그들과 비교하는 것을 치욕으로 여겼고, 공자의 제자 안회顔回 등은 필부에 지나지 않았지만 제왕들조차 그들과 비교되는 것을 영광으로 여겼다고 들었소. 짐은 늘 이러한 사실을 거울로 삼고 있소."

위징도 다음과 같이 말했다.

"신도 이런 말을 들었습니다. 노나라의 애공이 하루는 공자에게 말하기를 '건망증이 심한 사람이 있었는데 집을 옮기면서 자기 아내를 깜박 잊고 두고 갔다 합니다'라고 했습니다. 그러자 공자가 말하기를 '그보다 건망증이 더 심한 자들이 있습니다. 하나라 걸과 은나라 주는 자기 자신조차 잊은 듯합니다'라고 했습니다. 폐하는 늘 이 일을 생각하며 후대인의 비웃음을 사지 않도록 노력하십시오."

결국 지도자의 헌신적인 '위민위국爲民爲國' 행보가 매우 중요하다는 얘기다.

상호 신뢰감을 키워라

인화계

●

人和計

인화란 무엇인가

성선설을 주장한 맹자는 아무리 흉악한 범죄를 저지른 자일지라도 선한 본성만큼은 같다고 믿었다. 천시天時와 지리地利보다 인화人和를 중시한 이유다. 다음은 《맹자》〈공손추 하〉의 해당 구절이다.

"천시는 지리만 못하고, 지리는 인화만 못하다. 내성內城의 둘레가 3리, 외성外城의 둘레가 7리인 작은 성을 포위해 공격할지라도 이기지 못하는 경우가 있다. 대개 성을 포위해 공격할 때는 반드시 천시를 얻었을 것이다. 그럼에도 이기지 못한 것은 천시가 지리만 못하기 때문이다. 성이 높지 않은 것도 아니고, 해자가 깊지 않은 것도 아니고, 무기가 예리하지 않은 것도 아니고, 군량이 모자란 것도 아닌데 성을 포기하고 달아나는 경우가 있다. 이는 지리가 인화만 못하기 때문이다."

일리 있는 얘기이기는 하나 매사 이런 주장이 그대로 관철될까? 춘추시대 중엽 제환공을 도와 최초의 패업을 이룬 관중管仲은 정반대로 보았다. 그는 천시를 더 중시했다. 《관자》〈경언經言〉 '칠법七法' 편에 이를 뒷받침하는 구절이 나온다.

"시운時運이야말로 큰 것이라고 할 수 있다. 인위적으로 도모하는 것은 작은 계책에 지나지 않는다."

천하대세의 도도한 흐름인 천시가 인화처럼 인위적으로 도모하는 계책보다 훨씬 중요하다고 본 것이다. 사실 난세에는 나라든 기업이든 개인이든 천하대세의 흐름에 올라타면 흥하고, 거스르면 패망한다. 온갖 유형의 흥망성쇠도 천하대세의 큰 흐름 속에 있기 때문이다. 《관자》〈경언〉 '승마乘馬'편의 다음 대목이 이러한 사실을 뒷받침한다.

"농사철은 한 해 농사를 좌우하는 중요한 시기인 까닭에 지체하거나 멈출 수 없다. '오늘 힘써 일하지 않으면 내일 수확할 게 없고, 과거는 흘러간 까닭에 다시 돌아오지 않는다'고 말하는 이유다."

전장에서 작전을 펼치거나, 논과 들에서 농사를 짓거나 모든 일은 다 때가 있기 마련이다. 그 때와 시기를 놓치면 같은 기회는 두 번 다시 오지 않는다. 특히 생사가 갈리는 군사작전인 경우에는 더욱 그렇다. 또한 때를 놓칠 경우 오히려 적국에 커다란 기회를 안겨줄 수도 있다.

'부자지병'을 만들어라

맹자가 역설한 인화가 중요하지 않다는 것은 아니다. 난세에도 인화는 천시 못지않게 매우 중요하다. 이를 간파한 대표적인 인물이 바로 《손자병법》과 쌍벽을 이루는 《오자병법》의 저자 오기吳起다. 그는 뛰어난 장수의 조건을 인화에서 찾았다. 그가 인화에 초점을 맞춘 것은 군주와 백성, 장수와 병사 간의 인간적 유대감을 승리의 관건으로 파악한 결과다. 《오자병법》의 첫 편인 〈도국〉의 앞 대목에 이를 뒷받침하는 구절이 나온다.

"옛날 나라를 잘 다스린 군주는 반드시 먼저 백성을 교화하고 친화하는 것에 역점을 두었다. 인화를 중시했기 때문이다. 군주가 유념해야 할 네 가지 불화不和가 있다. 첫째, 나라가 하나로 결속돼 있지 않을 경우 출병出兵해서는 안 된다. 둘째, 병사가 하나로 뭉쳐 있지 않을 경우 출진出陣해서는 안 된다. 셋째, 진영이 하나로 단합돼 있지 않을 경우 진격進擊해서는 안 된다. 넷째, 진격 과정에서 일사불란하지 않을 경우 결전決戰을 치러서는 안 된다. 백성들은 군주가 자신의 생명을 소중히 여긴다고 믿어야 용감히 싸우다가 죽는 것을 자랑으로 여기고, 물러나 살아남는 것을 치욕으로 생각한다."

《오자병법》〈치병〉에서는 인화를 병사들과 고락을 함께하는 '부자지병父子之兵'으로 표현했다. 《손자병법》의 백미가 '지피지기知彼知己'와 싸우지 않고 적을 굴복시키는 '부전굴인不戰屈人'에 있다면, 《오자병법》의 요체는 부자지병과 인화에 있다. 《사기》〈손자오기열전〉

에는 오기가 부자지병을 행한 일화가 실려 있다. 이에 따르면 오기가 위나라 장수로 있을 때 한 번은 휘하의 한 병사가 종기로 크게 고생하자 자신이 직접 입으로 그 종기를 빨아 치료했다. 그런데 그 병사의 모친이 이 얘기를 듣고 통곡했다. 어떤 사람이 의아해하며 물었다.

"그대의 아들은 병사에 불과한데도 장군이 직접 종기를 입으로 빨아 치료해주었는데 기쁘지 않소? 어찌 운단 말이오?"

병사의 모친이 울면서 대답했다.

"그렇지 않소. 옛날 오공이 내 남편의 종기를 빨아준 적이 있소. 이에 남편은 감복한 나머지 후퇴할 줄도 모르고 분전하다가 마침내 적에게 죽고 말았소. 오공이 또 다시 내 아들의 종기를 빨아 주었으니 나는 이제 아들이 어느 곳에서 죽을지 모르게 되었소."

여기서 나온 성어가 바로 '오기연저吳起吮疽'다.

오기연저를 행한 유일한 황제

당태종은 오기연저의 이치를 통찰했다. 《정관정요》〈인측〉에 이를 뒷받침하는 일화가 나온다.

정관 19년(645), 당태종이 처음으로 고구려 원정에 나서면서 북진하는 도중 군사들과 함께 지금의 하북성 정주定州에 주둔하게 됐다. 병사들이 도착하면 친히 성의 북문 망루 위로 올라가 그들을 위로

했다. 그런데 한 병사가 중병에 걸려 참석하지 못했다. 당태종이 조명을 내려 그의 병을 문진하게 하고, 이내 다시 칙명을 내려 의원으로 하여금 그의 병을 치료하게 했다. 〈인측〉은 당시 상황을 다음과 같이 기록하고 있다.

"장병들 중에는 기꺼이 당태종을 좇아 출정하는 것을 원치 않는 자가 없었다."

정벌에 실패해 회군하여 요동의 유성柳城에 머물 때는 조명을 내려 전사한 병사들의 해골을 모은 뒤 대대적인 위령제를 거행했다. 당태종이 친히 제사에 임해 곡읍하는 등 극진한 애도를 표하자 살아남은 병사들 또한 모두 눈물을 흘렸다. 이후 병사들이 귀향하여 전사자들의 부모에게 이와 같은 사실을 전했고 전사자 부모들은 입을 모아 당태종을 칭송했다.

"우리 자식들이 비록 전사했지만 천자가 친히 곡읍했으니 아무 여한이 없을 것이다!"

당태종이 재차 출병해 요동을 치고 지금의 요녕성 요양辽阳 동쪽 30킬로미터 지점에 있는 백암성白巖城을 공격했다. 전투 중 우위대장군右衛大將軍 이사마李思摩가 유시流矢에 맞았다. 당태종이 직접 피를 빨아 상처의 독을 제거했다. 이를 지켜본 장병들 모두 감동했다. 이사마는 원래 돌궐의 힐리가한詰利可汗 휘하의 무장 출신이었다. 정관 연간에 힐리가한과 함께 체포됐으나 그의 충성심을 높이 산 당태종이 이씨 성을 하사하며 부족들을 인솔해 하남 땅에 거주하게 하고 회화군주懷化郡主에 봉했다. 이후 당태종이 고구려 원정에 나서자 기마병을 이끌고 참전한 것이다.

당시 병서에 두루 밝았던 당태종은 오기연저 일화를 익히 알고 있었다. 황제가 오기연저를 행한 것은 중국의 전 역사를 통틀어 당태종이 유일하다. 황제가 직접 전쟁에 나서면 본인 스스로 장수가 된 것이나 다름없다. 사령관 이하 모든 장병이 일심동체의 자세로 싸움에 임해야만 승리를 기약할 수 있다. 그것이 바로 부자지병이다. 이는 친정에 나선 황제를 포함한 장수 스스로 오기연저와 같은 일을 스스럼없이 행해야만 가능한 일이었다.

인화를 도모하라

당태종의 오기연저는 보여주기 위한 단발 행동이 아니었다. 《정관정요》〈정벌〉에 이를 뒷받침하는 일화가 나온다.

1차 고구려 원정 당시 예부상서로 있던 강하왕江夏王과 이도종李道宗이 당태종을 좇아 참전했다. 당태종이 이도종에게 조서를 내려 장군 이적李勣과 함께 선봉에 서게 했다. 이도종 등이 이끄는 선봉대가 요수遼水를 건너 지금의 요녕성 영구시 남쪽 교외에 있는 개모성蓋牟城을 공략했을 때, 고구려 대군이 기습적으로 반격을 가해왔다. 당나라 장병 대부분이 참호를 깊게 파고 요충지를 지키며 당태종의 본대가 올 때까지 수비에 치중하며 때를 기다릴 것을 청했다. 하지만 이도종이 반대했다.

"그리 할 수 없다. 고구려 군사는 개모성의 위급을 구하기 위해 멀리서 온 까닭에 병사들 모두 크게 지쳐 있다. 병력이 많은 것만 믿고 우리 군사를 가볍게 여기고 있으니 단 한 번의 싸움으로 저들을 물리칠 수 있다. 후한 초기에 경엄耿弇은 장보張步를 토벌하고, 왕랑王郎을 평정한 뒤 동마銅馬와 적미적赤眉賊을 차례로 진압했다. 내가 선봉을 맡았으니 먼저 길을 깨끗이 정리한 뒤 황상을 기다릴 것이다."

이도종은 이내 날쌔고 용맹한 기병 수백 명을 이끌고 적진 속으로 곧장 뚫고 들어간 뒤 종횡무진 활약했다. 이적이 이에 합세해 군사를 이끌고 나가 고구려 군사를 크게 격파했다. 당태종이 도착한 뒤 이도종에게 큰 상을 내리고 병사들을 배불리 먹였다. 이때 이도종이 싸움 도중 다리에 부상을 입게 됐는데 당태종이 몸소 그를 위해 침을 놓아주고, 황제의 식사인 어선御膳을 하사했다.

1차 원정이 실패로 돌아간 지 2년 뒤인 정관 21년(647), 이세민이 이적 등을 시켜 다시 고구려를 치게 했다. 그러나 2차 원정 역시 실패했다. 그럼에도 이세민은 고집을 꺾지 않았다. 또 다시 1년 뒤인 정관 22년(648), 설만철薛萬徹을 시켜 압록강 하구의 박작성을 공격하게 했다. 3차 원정이었다. 그러나 이 또한 실패하고 말았다. 이듬해인 정관 23년(649) 5월, 병석에 누운 이세민은 태자 이치를 앞에 놓고 세 차례에 걸친 고구려 원정이 실패로 돌아간 것을 크게 탄식하며 이런 유언을 남겼다.

"이제 더 이상 고구려에 대한 공격을 그만두도록 하라. 아비의 실패를 되풀이하면 사직을 지키기 어렵디!"

드러난 행적을 보면 천하의 성군으로 손꼽히는 당태종 역시 고구려 원정에 관해서는 수양제 양광의 행보와 하등 다를 바가 없다. 신하들의 극렬한 반대에도 불구하고 3차에 걸친 원정을 감행했다가 하나같이 실패한 것이 그렇다. 오기연저를 실행할 정도로 병법에 밝았던 당태종이 거듭된 실패에도 불구하고 고구려 원정에 매달린 것은 미스터리다. 다만 그가 죽기 직전 이를 크게 후회한 것만은 분명하다. 그는 태자와 황자들을 위해 펴낸 《제범帝範》에서 다음과 같이 말했다.

"땅이 아무리 광활할지라도 전쟁을 좋아하면 백성들은 피폐해지고, 나라가 아무리 태평할지라도 전쟁을 잊으면 백성들은 게을러질 것이다. 춘추시대 말기 월왕 구천句踐은 수레 위에서 개구리를 향해 예를 다함으로써 병사들의 사기를 고무시키고, 오왕 부차에게 당한 치욕을 잊지 않은 끝에 결국 패업을 이뤘다. 서주 때 서언왕徐偃王은 무비武備를 포기했다가 결국 패망하고 말았다. 이는 무슨 까닭일까? 월나라는 행군의 진퇴 전법을 익혔지만, 서나라는 무비를 잊었기 때문이다."

전쟁을 즐겨서도 안 되지만 잊어서도 안 된다고 역설한 것이다. 오왕 부차는 무력에만 너무 의존한 나머지 결국 월왕 구천에게 패해 후대인의 웃음거리가 됐다. 반대로 서언왕은 인정仁政을 펼쳐 장강과 회수 사이의 제후 가운데 36국이 그를 좇았으나 백성들을 너무 사랑한 나머지 접전을 피하다가 패망해 후대인에게 조롱의 대상이 됐다. 오왕 부차와 서언왕 모두 피해야 할 리더의 모습이다.

비록 고구려 원정에 실패하기는 했으나 당태종이 오기연저를 몸소 행하고 《제범》을 통해 뛰어난 용병의 이치를 거론한 점 등은 높이 평가할 만하다. '정관지치'가 인화의 토대 위에 서 있는 것임을 뒷받침하는 대목이다.

상과 벌의 기준을 명확히 하라

상벌계

●

賞罰計

충성을 다해 노력하면 보상이 따른다

예나 지금이나 난세에는 신상필벌信賞必罰의 원칙을 관철할 필요가 있다. 이는 '공이 있는 자에게는 반드시 상을 주고, 죄가 있는 사람에게는 반드시 벌을 준다'는 뜻으로 상과 벌을 공정하고 엄중하게 행하는 것을 의미한다.

자신이 원하는 대로 조직을 활용하기 위해서는 반드시 이 신상필벌의 원칙이 작동되어야만 한다. 이것이 제대로 작동되지 않으면 군대를 포함해 그 어떤 조직이든 이내 와해되기 쉽고, 기업의 경우 성공적인 창업이 불가능해진다.

신상필벌의 원칙은 《손자병법》을 위시한 모든 병법서가 역설한 부분이며 법가사상을 집대성한 《한비자》를 관통하는 핵심이다. 삼국시대 당시 조조는 신상필벌의 원칙을 강조한 《손자병법》의 요구를 그대로 좇았다.

"조조는 공이 있는 자에게는 반드시 상을 주었고 천금을 아끼지 않았다. 그러나 공도 없이 상을 받으려는 자에게는 한 오라기의 털조차 나눠주지 않았다. 법을 집행하는 것이 엄격하고 긴박해 범법자는 반드시 주살되었으니 비록 범법자를 보고 눈물을 흘리며 애석해 할지라도 끝내 사면치 않았다."

조조는 상과 벌을 엄정히 집행한 까닭에 많은 비난을 받기도 했다. 하지만 난세에는 창업을 위해 단호한 처벌이 불가피한 점을 감안해야 한다. 대표적인 예로 건안 8년(203)에 그가 발포한 포고령을 들 수 있다. 당시 그는 춘추시대 말기 제나라의 전설적인 병법가인 사마양저司馬穰苴가 지었다는 《사마법》을 여러 번 언급했다. 퇴각한 장군을 사형에 처하고 도주한 병사의 가족에 대해 연좌제를 시행할 뜻을 밝힌 이유다. 이는 이전의 군율보다 훨씬 엄한 것이었다. 우금이 관우에게 투항한 뒤에는 이런 엄명을 내리기도 했다.

"포위된 뒤에 항복한 자는 결코 용서치 않을 것이다!"

조조가 시행한 준엄한 군율은 건안 16년(211) 천하가 평정되었다는 이유로 폐지될 때까지 무려 19년간에 걸쳐 예외 없이 집행되었다. 주목할 것은 조조가 신상필벌의 원칙을 철저히 구사한 까닭에 휘하에 수많은 장수가 모였다는 점이다. 충성을 다해 노력하면 그에 따른 보상이 있을 것이라는 기대를 충족시킨 덕분이다.

당태종 이세민도 이를 통찰했다. 《정관정요》〈충의〉를 살펴보면 다음과 같은 일화가 소개되어 있다.

정관 9년(635), 당태종이 소우를 상서좌복야에 제수했다. 소우는 수양제의 부인인 소蕭 황후의 동생으로 당태종이 즉위한 후 모두 다섯 번에 걸쳐 재상의 자리에서 쫓겨난 것으로 유명하다. 충성스럽고 마음이 곧은 탓이었다. 그는 사사로움이 전혀 없었고, 법도를 어긴 적도 없었다. 이후 당나라 말기에 이르기까지 그의 손자와 증손, 현손 등 모두 8명이 재상의 자리에 올랐는데 이는 매우 드문 일이었다. 일찍이 당태종은 신하들과 연회를 즐기던 중 문득 방현령의 면전에서 소우를 이같이 칭송했다.

"무덕 6년(623) 이후 태상황은 나를 태자로 삼을 생각을 버렸소. 당시 짐은 형제들의 미움을 사고 있었기 때문이오. 전공은 높았지만 포상을 받지 못한 데 따른 불안한 마음 또한 있었소. 그때 소우는 짐을 생각해 커다란 이익을 제시한 상대의 유혹에 넘어가지 않았고, 형륙을 가하려는 위협조차 두려워하지 않았소. 그야말로 '사직지신'이오."

당시 이세민이 소우에게 하사한 시에는 이와 같은 구절이 나온다.

거센 바람은 억센 풀의 뜻을 알고 疾風知勁草
《시경》〈판〉과 〈탕〉은 성신을 안다 板蕩識誠臣

《시경》〈대아〉의 〈판板〉과 〈탕蕩〉 모두 폭군으로 유명한 주나라 여왕^{厲王}의 무도한 세상을 읊은 노래다. 당시 소우는 축시를 하사받은 뒤 재배하며 이같이 사례했다.

"신이 이처럼 폐하로부터 특별한 훈계를 받으면서 신의 충실한 성신^{誠信}을 칭송하시니 신은 비록 죽을지라도 산 것과 같습니다."

얼마 후 이세민은 소우를 태자태보^{太子太保}로 승진시켰다. 태자의 스승은 당대 최고의 선비를 상징하며 최고의 명예직이었다.

후상중형을 구사하라

두터운 포상과 엄한 형벌인 이른바 '후상중형^{厚賞重刑}'은 동전의 양면과 같은 관계다. 후상중형이 전제되지 않은 신상필벌은 그 효과가 미미할 수밖에 없다. 전국시대 중엽 서쪽 변경의 진^秦나라를 문득 천하제일의 강국으로 만든 상앙^{商鞅}의 저서 《상군서^{商君書}》〈거강〉에는 이런 대목이 나온다.

"형벌을 무겁게 하고 포상을 희소하게 하는 중벌소상^{重罰少賞}은 군주가 백성을 아끼는 것이다. 그래야 백성이 군주를 위해 목숨을 바친다. 포상을 남발하고 형벌을 가볍게 하는 다상경벌^{多賞輕罰}은 군주가 백성을 아끼는 게 아니다. 그리하면 백성은 군주를 위해 목숨을 바치지 않는다."

한비자는 상앙이 구사한 중벌소상의 원칙을 높이 평가했다. 이 원칙은 두 번에 걸쳐 대대적으로 실시된 변법^{變法}에 가차 없이 적용됐다. 그 길만이 부국강병을 이룰 수 있는 유일한 길이라고 여긴 결과였다. 《한비자》〈간겁시신〉에서는 상앙의 변법을 다음과 같이 극찬하고 있다.

"옛날 진나라의 풍속을 보면 신하들이 법을 무시하고 자신의 이익만 추구한 까닭에 나라는 어지럽고, 군대는 쇠약했으며, 군주의 권세 또한 미미했다. 상앙이 법을 위반한 자에게는 반드시 중벌을 내리고, 그런 자를 고발한 자는 상을 후하게 내려 새 법을 믿게 했다. 백성의 원성이 높아지고 새 법의 폐단이 많다는 비난이 빗발쳤다. 그러나 진효공은 상앙의 변법을 강력히 밀고 나갔다. 나라의 기강이 바로 서고, 군사력이 강해진 이유다."

신상필벌 원칙의 요체는 죄를 감추는 자에게 중벌을 내리고, 간사한 자를 고발한 자에게는 두터운 포상을 내리는 데 있었다. 《한비자》〈팔경〉은 그 배경을 다음과 같이 설명하고 있다.

"포상은 후하게 하는 게 최상이다. 백성이 이를 큰 이익으로 여기게끔 만들기 때문이다. 칭송은 미화하는 게 최상이다. 백성이 이를 큰 영광으로 여기게끔 만들기 때문이다. 또 처벌은 엄하게 하는 게 최상이다. 백성이 이를 큰 두려움으로 여기게끔 만들기 때문이다. 비방은 추하게 만드는 게 최상이다. 백성이 이를 큰 치욕으로 여기게끔 만들기 때문이다."

고금을 막론하고 포상을 남발하면 값어치가 떨어져 효과가 없다. 희소하게 하는 대신 한 번 할 때는 후하게 할 필요가 있다. 형벌도 마찬가지다. 형벌이 가벼우면 있으나마나 한 게 된다. 오히려 범법자를 양산할 소지가 크다. 그렇다고 엄형을 남발해서도 안 된다. 역효과를 낼 수 있기 때문이다. 가장 좋은 방안은 '일벌백계 一罰百戒'로 범법의 가능성을 미리 제거하는 것이다. 포상의 원칙과 같다.

무법지상을 활용하라

고금을 막론하고 천하의 인재를 모으려면 반드시 파격적인 포상을 제시해야 한다. 그러나 그것만으로는 부족하다. 밝은 미래에 대한 가능성을 확신할 수 있게 만들어야 한다. 커다란 군공을 세운 자에게 푸짐한 상을 내리면서 열후 등의 작위를 수여한 이유다. 이것은 전 장병을 독려하기 위한 것이기도 했다. 《손자병법》〈구지〉에서는 '엄형'과 '후상'을 하나로 묶어 설명했다.

"장수는 무법지상無法之賞을 행하고, 무정지령無政之令을 반포한다. 전군을 마치 한 사람 부리듯 자유자재로 다루는 배경이 여기에 있다."

무법지상에서의 무법은 관례에 부합하지 않는다는 의미로 관례를 뛰어넘는 파격적인 포상 즉, 법외지상法外之賞과 같다. 무정지령역시 상규常規를 뛰어넘는 명령을 말한다. 신상필벌이 주효하기 위해서는 반드시 파격적이면서도 신속해야 한다. 그리하지 못하면 병사들의 사기를 북돋우거나 군기를 바로 세우는 일이 어렵게 된다. 전쟁뿐만 아니라 비즈니스 차원에서 볼지라도 파격적인 포상은 초일류 글로벌 기업으로 성장하기 위한 대전제에 해당한다. 당태종도 파격적인 포상의 효과를 통찰하고 있었다.

정관 11년(637), 당태종이 후한 때 태위를 지낸 양진楊震의 묘 앞으로 행차해 직접 제문을 지어 바쳤다. 그가 직간을 서슴지 않는 등 나라에 충성을 다하다가 억울하게 죽은 것을 애도한 것이다.

양진은 젊어서부터 학문을 좋아해 군서群書를 두루 읽었다. 그는 생전에 관서공자關西孔子의 칭송을 들었다. 형주자사와 탁군태수, 사도, 태위 등을 역임했다. 한안제의 유모 왕성王聖 및 중상시 번풍樊豊 등이 탐욕스럽고 오만방자한 모습을 보이자 누차 상서해 간했는데 그 일이 그를 비극으로 내몰았다. 번풍의 모함으로 파면당하는 수모를 겪고는 이내 자진했기 때문이다.

당시 당태종이 양진을 위해 제문을 바치자 곁에 있던 방현령이 이같이 진언했다.

"양진은 비록 억울하게 죽었지만 수백 년 후 성명한 군주가 수레를 멈추고 친히 제문을 지어 바치는 영예를 얻게 되었습니다. 비록 그의 몸은 죽었지만 살아 있는 것과 같고, 그 명성 또한 영원할 것입니다. 신은 양진이 구천의 지하에서 다행히 천은을 입고 환호작약할 일을 생각하니 감격을 금할 수 없습니다. 이번 일을 계기로 천하의 모든 군자가 어찌 선행을 하면 그에 따른 보답이 있다는 사실을 모를 리 있겠습니까?"

《정관정요》〈충의〉에 실린 또 다른 일화가 있다.

정관 19년(645), 고구려 원정에 나선 당태종이 요동의 안시성安市

城을 공격했을 때 고구려 군민軍民이 결사적으로 저항했다. 당태종이 투항한 고구려 장수 고연수高延壽와 고혜진高惠眞 등을 보내 귀순할 것을 제안했다. 당나라 군사가 안시성 아래에 진을 친 뒤 전혀 움직이지 않은 채 답을 기다렸지만 성 안은 미동도 하지 않았다. 이들은 오히려 당태종의 깃발이 보이면 성루의 꼭대기로 올라가 북을 두드리며 결사항전을 외쳤다. 대로한 당태종이 강하왕과 이도종에게 명해 토산을 쌓은 뒤 공격할 것을 명했다. 그러나 끝까지 성을 함락시킬 수는 없었다.

당태종이 마침내 퇴각을 명하면서 안시성을 견고하게 지킨 고구려 수장의 절조를 크게 칭송하며 비단 300필을 내렸다. 자신의 군주를 위해 충성을 다하는 자를 격려하고자 한 것이다. 당시의 고구려 수장은 양만춘楊萬春이었다. 당태종이 적장에게 비단을 하사한 것은 당나라 장병의 사기를 고취하기 위한 고단수 계책이었다. 오늘날에도 천하의 인재를 그러모으기 위해서는 당태종과 같은 파격적인 행보가 필요하다. 또한 조조가 그랬듯이 신상필벌의 원칙을 관철해야만 천하의 인재를 얻을 수 있다.

명실이 부합케 만들어라

명실계

●

名實計

사명취실인가, 사실취명인가

고금을 막론하고 정치는 동기를 중시하는 도덕과 달리 결과를 중
시한다. 난세의 시기에 군웅을 토벌하고 보위를 차지하기 위해서
는 패도를 구사할 필요가 있다. 명분보다는 실리를 중시해야 하는
것이다. 정치와 도덕을 완전히 분리시켜 생각할 수는 없으나 정치
를 도덕적 잣대로 평해서는 안 된다. 예를 들어 형제 간의 유혈극
으로 전개된 현무문의 정변은 도덕적 잣대를 들이댈 경우 비난받
을 소지가 매우 크지만 당태종 이세민이 성세를 구현해 후대인들
로부터 정관지치를 이룬 성군으로 칭송받게 된 사실이 그 이유를
뒷받침한다.

이세민은 결정적인 순간에 부자, 형제의 인정과 의리를 저버리는 '패륜'의 길을 택했다. 하지만 대업을 이루기 위해서는 부득이했다. 명분보다 실리를 택한 셈이다. 이를 '사명취실捨名取實'이라고 한다. 천하를 거머쥐는 창업을 하고자 하면 결정적인 순간에 사명취실을 택할 수밖에 없다. 그러나 즉위 후 천하를 다스릴 때는 상황이 치세로 전환한 만큼 명분인 왕도를 앞세울 필요가 있다. 이를 '사실취명捨實取名'이라고 한다.

《정관정요》가 역설하는 창업과 수성의 논리에 따르면 난세의 상황에서는 창업을 위해 명분보다 실리를 중시하는 '사명취실', 치세의 상황에서는 명분 대신 실리를 추구하는 '사실취명'에 무게중심을 두어야 한다. 이를 거꾸로 하면 천하를 거머쥘 수 없고, 설령 천하를 거머쥔다 해도 민심이반으로 이내 무너지고 말 것이다. 이와 관련한 유명한 일화가 있다.

한고조 유방劉邦은 황제의 자리에 오르기 전까지 상대방과 대화를 나눌 때 스스로를 내공乃公, 이공爾公, 이공而公 등으로 표현했다. 모두 '자네 아버지'라는 뜻이다. 이와 반대로 황제의 자리에 오른 뒤에는 '애송이' 혹은 '조무래기'의 뜻을 지닌 '수자豎子'라는 용어를 자주 사용했다. 유방의 이런 언행은 빈객은 물론 주변 참모들로부터 거만하고 무례하다는 평을 들었다. 육가陸賈가 보위에 오른 유방에게 한 충고를 보면 알 수 있다.

"폐하가 마상馬上에서 천하를 얻었다는 것은 잘 알고 있습니다. 그러나 마상에서 천하를 다스릴 수는 없습니다. 폐하보다 먼저 천하를 통일한 진나라의 왕들이 만일 폐하가 언급한 인의와 성왕의 길 등을 지키기 위해 애썼다면 폐하가 어떻게 천하를 얻을 수 있었 겠습니까?"

《사기》〈고조본기〉에는 당시 유방이 언짢아하면서도 부끄러운 기 색이 있었다고 기록하고 있다. 정곡을 찔렸기 때문일 것이다. 이세 민이 즉위 후 충의忠義를 역설하며 왕도의 행보를 보인 것도 이런 맥락에서 이해할 수 있다. 《정관정요》〈충의〉에 다음과 같은 일화가 전한다.

풍립馮立은 무덕 연간에 동궁부 각 부서의 사무를 총괄하는 동궁 솔東宮率이 되어 태자인 이건성의 각별한 총애를 입었다. 이건성이 죽었다는 소식을 듣고 그의 주위에 있던 사람들이 대부분 흩어지자 풍립이 탄식하며 말했다.

"어찌 태자가 살아 있을 때 커다란 은혜를 입고도 사경에 빠지게 되자 모두 난을 피해 달아나기만 하는 것인가?"

그리고는 병사들을 이끌고 현무문으로 달려가 힘껏 싸웠다. 둔영 장군屯營將軍과 경군홍敬君弘을 죽인 뒤 부하들에게 이같이 말했다.

"이로써 태자의 은혜에 조금이나마 보답할 수 있게 됐다."

이어 군대를 해산한 뒤 교외로 달아났다. 하지만 얼마 후 항복하 며 처벌을 자청했다. 당태종이 풍립을 질책하며 물었다.

"너는 전에 병사들을 이끌고 와서 짐의 많은 병사를 살상했다. 어 찌 죽음을 면할 수 있겠는가?"

풍립이 눈물을 흘리며 말했다.

"저는 주군을 모시면서 죽음으로 보답하기를 원한 까닭에 싸우면서도 조금의 거리낌과 두려움이 없었습니다."

그는 소리 내어 통곡하며 몸조차 제대로 가누지 못했다. 당태종이 그를 위로하며 궁궐을 지키는 좌둔위중랑장左屯衛中郞將에 임명했다. 이후 풍립이 친하게 지내는 사람들에게 말했다.

"황상으로부터 막대한 은혜를 입어 죄를 사면 받았으니 반드시 죽음으로써 보답할 것이다."

얼마 후 돌궐이 변교便橋까지 침공해 들어왔다. 풍립이 수백 명의 기병을 이끌고 함양咸陽에서 맞서 싸웠다. 죽이거나 포로로 잡은 자가 매우 많았다. 그가 군사를 지휘해 진격할 때마다 적들이 크게 놀라 사방으로 달아났다. 당태종이 이 얘기를 듣고 그를 크게 칭송했다.

또 한번은 현무문의 정변 당시 이원길의 제왕부齊王府에 근무하던 좌부거기左府車騎 사숙방謝叔方이 병사를 이끌고 와서 풍립의 군사와 합세해 현무문을 공격했다. 이세민에게 매수된 경군홍과 여시형呂時衡을 죽이자 이세민 군사의 사기가 크게 떨어졌다. 이세민의 경호를 담당하는 호군위護軍尉 울지경덕尉遲敬德이 마침내 이원길을 죽인 뒤 그 수급을 이들에게 보냈다. 사숙방은 즉시 말에서 내려 대성통곡하고 절을 한 뒤 달아났다. 이튿날 그가 자수하러 오자 이세민이 말했다.

"참으로 의사義士다!"

그러고는 그를 석방한 뒤 우익위낭장右翊衛郞將에 임명했다. 이세

민의 파격적이고 남다른 행보는 난세의 패도와 치세의 왕도 이치를
정확히 통찰한 것으로 해석할 수 있다.

협천자영제후를 행하다

당고조 이연이 황제를 칭하며 무덕 연호를 쓴 것은 여러 '토황제土
皇帝'가 한 일을 뒤늦게 따른 것에 지나지 않았다. 그럼에도 그는 토
황제들을 차례로 제압하고 마침내 천하를 거머쥐었다. 황제를 옆에
끼고 천하를 호령하는 이른바 '협천자영제후挾天子令諸侯'를 행한 덕
분이었다. 삼국시대 당시에도 유사한 일이 빚어졌다.

건안 원년(196) 5월, 한헌제의 어가御駕가 두 달만에 낙양에 이르
렀다. 낙양은 완전히 잿더미로 변해 어쩔수 없이 중상시 조충趙忠의
집에 임시로 머물게 되었다. 원소의 책사 저수沮授가 원소에게 이
같이 건의했다.

"지금 어가를 영접해 업성鄴城에 도읍을 정한 뒤 천자를 끼고 제
후들을 호령하는 한편 병마를 길러 군웅들을 토벌하면 누가 능히
당해낼 수 있겠습니까?"

그러나 곽도와 순우경 등이 반대했다.

"한실은 쇠미해진 지 이미 오래되어 지금 다시 부흥하는 것은 대
단히 어렵습니다. 천자를 맞이하여 가까이 두면 움직이는 즉시 상
주문이 올라올 것입니다. 이를 좇게 되면 권력이 가볍게 되고 위반

하면 항명하는 셈이 되니 좋은 계책이 아닙니다."

원소는 저수의 계책을 받아들이지 않았다. 이것이 훗날 원소가 조조에게 패하게 된 결정적 배경이 되었다.

조조는 여러 가지 불리한 상황에도 불구하고 마침내 한헌제를 맞이함으로써 국면을 유리하게 이끌었다. 당초 조조는 연주를 점거한 뒤 줄곧 천자를 맞이하는 문제를 놓고 생각을 거듭했다. 건안 원년 8월, 지금의 하남성 허창현인 허현許縣에서 한헌제를 맞이하려고 하자 휘하 장수들 모두 반대했다. 그러나 순욱이 이들의 의견을 물리쳤다.

"예전에 한고조 유방도 의제義帝를 위한 상복을 입어 천하 사람을 성심으로 감복시켰습니다. 지금 낙양은 풀이 우거져 있으니 충의지사는 근본을 보존하고픈 마음이 간절하고 백성들은 옛날을 그리는 아픔에 젖을 수밖에 없습니다. 천자를 맞이해 백성의 바람을 따르는 것이 대의를 좇는 일입니다. 반역을 꾀하는 역신들이 있다 해도 그들이 무엇을 능히 할 수 있겠습니까?"

명분을 선점하라는 주문이었다. 조조가 즉각 휘하 장수를 보내 한헌제를 맞이하게 했다. 그가 천하를 호령하게 된 근본 배경이 바로 여기에 있다. 수양제가 죽었을 때도 유사한 일이 빚어졌다. 각지의 군웅들은 수양제가 죽었다는 소식을 듣자 앞다퉈 천자를 칭했으나 정통성이 없었다. 비록 허수아비 황제이기는 하나 명목상의 천자인 양유를 옆에 끼고 있는 이연만이 나름 정통성을 지니고 있었다. '협천자영제후'의 행보가 주효한 셈이다.

명분과 실리를 모두 챙겨라

당태종 이세민 역시 천하를 거머쥐고자 할 경우 명분의 선점이 얼마나 중요한지를 통찰하고 있었다. 《정관정요》〈성신〉에 따르면 정관 17년(643), 이세민이 좌우 시신에게 이같이 말했다.

"공자는 《논어》〈안연〉에서 위기상황에 처했을 때 백성들의 사직에 대한 신뢰인 민신民信이 먹을 것을 버리는 거식去食보다 중요하다고 했소. '민신을 잃으면 나라가 설 수조차 없다'고 말한 게 그렇소. 전에 항우가 함양에 입성해 천하를 손에 넣은 후 한고조 유방처럼 인의와 신뢰를 전면에 내세웠으면 그 누가 감히 그의 천하를 빼앗을 수 있었겠소?"

방현령이 대답했다.

"인의예지신을 5상五常이라고 합니다. 하나라도 버리면 다른 것도 이룰 수 없습니다. 분발해 5상을 실천할 수 있으면 치국에 큰 도움이 될 것입니다. 은나라 주紂는 5상의 실천을 경시한 까닭에 주무왕이 군사를 일으켜 그를 토벌했습니다. 항우 역시 인의와 신뢰를 내세우지 않은 까닭에 한고조에게 천하를 빼앗겼습니다. 실로 폐하가 말한 것과 같습니다."

명분과 실리를 모두 챙기는 게 가장 바람직하다. 그러나 그럴 수 있는 경우는 그리 흔치 않다. 경우에 따라서는 한쪽을 포기할 수밖에 없다. 그게 바로 '사명취실' 내지 '사실취명'이다.

20세기 초 이종오李宗吾는 《후흑학厚黑學》에서 두꺼운 낯가죽을 뜻하는 면후面厚와 시커먼 속마음을 뜻하는 심흑心黑의 비술을 지녀야만 천하를 거머쥘 수 있다고 역설했다. 유비의 면종복배面從腹背 행태를 꼬집으면서 그를 '면후의 달인'으로 평했다. 그가 유비를 위군자僞君子의 표상으로 간주한 것은 정곡을 찌른 것이다.

객관적으로 볼 때 난세의 시기에 창업을 할 때는 현무문의 정변 사건이 보여주듯이 '사명취실'이 바람직하다. 그러나 주의할 것은 고집스럽게 이것만 추구해서도 안 된다는 점이다. 패도를 앞세우되 왕도를 곁들여야 하는 이치와 같다. 이를 용이하게 만드는 비책이 바로 '협천자영제후'에 있다. '협천자'는 명분, '영제후'는 실리를 상징한다. 상황에 따라 협천자를 내세워 명분을 선점하고, 영제후를 꾀해 실리를 취해야 한다. 군웅이 할거할 당시 협천자영제후를 행한 자만이 새 왕조 창업에 성공했다. 이는 단 하나의 예외도 없었다. 상황에 따라 명분과 실리 가운데 어느 한쪽에 초점을 맞추면서 사명취실과 사실취명을 겸하는 게 핵심이다.

기왕의 성과를 다져라

수성계

守成計

토사구팽을 금하라

당태종 이세민은 역사에 밝았다. 역사 거울인 사감史鑑과 사람 거울
인 인감人鑑을 언급하며 스스로를 경계했다. 수성 또한 창업 못지않
게 뛰어난 신하들의 보필이 있어야 가능하다는 사실을 알았던 것이
다. 그래서 한고조 유방과 달리 강신强臣에 해당하는 창업공신을 '토
사구팽'의 희생양으로 삼지 않았다. 《당리문대》에 나온 일화를 살펴
보면, 하루는 당태종이 이정에게 물었다.

"사람들은 모두 한고조 유방을 두고 장수를 잘 다뤘다고 말하고
있소. 그러나 이후 한신韓信과 팽월彭越은 토사구팽을 당하고, 소하
蕭何는 투옥되었소. 어찌하여 이런 지경에 이르게 된 것이오?"

이정이 대답했다.

"신이 보건대 유방과 항우 두 사람 모두 장수를 잘 다룬 군주는 아닙니다. 유방이 천하를 손에 넣은 것은 장량張良이 계책을 써서 6국의 부활 움직임을 저지하고, 소하가 배와 수레를 사용해 식량을 제때 운반한 덕분입니다. 한신과 팽월이 토사구팽을 당한 것은 범증范增이 항우에 의해 내침을 당한 것과 같습니다."

당태종이 물었다.

"광무제 유수劉秀는 한나라를 중흥한 뒤 한고조의 실패를 거울삼아 능히 공신을 보전하면서 대신 그들이 나랏일에 관여하지 못하게 했소. 이는 장수를 잘 다룬 경우에 해당하지 않소?"

이정이 대답했다.

"광무제는 지성으로 사람을 대했고, 부드러운 도로 천하를 다스리며 공신들을 보전했습니다. 그런 점에서 유방보다 뛰어났습니다. 신은 광무제만이 그 요체를 얻었다고 봅니다."

광무제 유수는 유방과 달리 토사구팽을 행하지 않았다. 당태종과 이정은 이를 높이 평가한 것이다.

난세와 후흑술

후한 말기의 대학자인 순자의 후손 순열荀悅은 《한기漢紀》에서 창업의 유형을 다음과 같이 분석했다.

"진시황 사후 처음으로 반기를 든 진승陳勝이 6국을 세우는 것은 '자신이 갖지 않은 것을 취해 다른 사람에게 주고, 명목상의 은혜를 베풀어 실질적인 복을 얻는다'는 취지에 부합한다. 그러나 유방이 6국을 세우는 것은 이와 정반대로 '자신이 소유한 것을 잘라 적에게 보태주고, 헛된 명성으로 실제의 화를 초래한다'는 지적을 받기 십상이다."

원래 한고조 유방은 조금이라도 위협이 될 만한 자가 있으면 온갖 구실을 붙여 저승길로 보냈다. 이종오가《후흑학》에서 지적했듯이 잡초처럼 생장한 건달 출신 유방은 체면을 따지지 않았다. 얼굴이 두꺼운 이런 면후가 난세에는 위력을 발휘한다. 유방이 행한 무자비한 토사구팽도 이런 맥락에서 이해할 수 있다. 객관적으로 볼 때 유방은 면후 위에 시꺼먼 마음인 심흑까지 겸비했다. 어지러운 난세에 천하를 거머쥘 수 있는 모든 조건을 구비한 셈이다.

당대 최고의 전략가로 손꼽을 수 있는 항우와 한신은 면후와 심흑의 술책이 없었다. 남의 부림을 받는 장수나 책사는 될 수 있을지언정 천하를 거머쥐는 창업주로서는 자격 미달인 셈이었다. 난세에는 여러모로 건달이 유리하다. 음흉한데다 체면을 따지지 않기 때문이다.

문제는 창업 이후이다. 천하가 평정됐는데도 유방처럼 매사를 자기중심적으로 생각하는 주군을 계속 모시는 것은 매우 위험한 일이다. 유방이 천하를 거머쥘 때 가장 큰 공을 세운 사람은 앞서 이정이 지목했듯이 단연 장량이다. 더구나 그는 대공을 세운 뒤 일선에서 물러났다. 《사기》의 기록을 보면 장량은 일찍부터 유씨의 천하를 만들어놓은 뒤 아무 미련 없이 떠날 생각을 한 게 확실하다.

이세민은 여러모로 유방과는 달랐다. 본인 스스로 광무제 유수를 유방과 대비시킨 것에서 알 수 있듯이 자신 또한 유방이 아닌 유수와 견주고 싶어 했다. 그가 유방처럼 토사구팽을 감행했다면 결코 정관지치는 없었을 것이다.

공신들과 함께 천하를 다스리다

＼

고금을 막론하고 왕권王權과 신권臣權 사이의 긴장은 불가피하다. 창업 때는 더욱 그렇다. 공자는 이를 '군신공치君臣共治' 이념으로 조화시키고자 했다. 주무왕이 죽었을 때 주성왕이 아직 나이가 어린 까닭에 숙부인 주공 단旦이 섭정을 했다. 이에 의문을 품은 관숙管叔과 채숙蔡叔이 난을 일으키자 주공 단은 두 동생을 가차 없이 제거했다. 이후 주성왕이 장성하자 대권을 넘겨주고 신하의 자리로 물러났다. 공자가 《논어》〈안연〉에서 군주는 군주다워야 하고 신하는 신하다워야 한다는 취지의 '군군신신君君臣臣'을 언급한 것은 바로 주공 단의 행보를 염두에 둔 것으로써 신권의 월권과 왕권의 전횡을 함께 경계한 것이다.

천하는 군주가 아무리 유능할지라도 홀로 다스릴 수 있는 대상이 아니다. 당태종은 군신공치를 통찰했다. 《정관정요》〈군신감계〉의 일화를 보면 정관 14년(640), 당태종이 고창高昌을 평정한 뒤 양의전兩儀殿에서 커다란 연회를 베풀었다. 연회 도중 방현령에게 말했다.

"고창의 군주가 신하의 예를 잃지만 않았어도 어찌 패망할 리 있겠소? 짐은 이런 나라를 평정한 후 오히려 내심 더 큰 두려움을 갖게 됐소. 왕조를 오래도록 유지하려면 교만과 사치, 음란을 힘껏 경계해 스스로 방어하고, 충간을 받아들여 자신을 바로잡는 길뿐이오. 간녕奸佞한 자를 내쫓고 현량한 자를 등용하며, 소인의 말로 군자를 논하지 않도록 해야 할 것이오. 이런 식으로 삼가 지키면 그 나라는 오래도록 평안을 얻을 수 있을 것이오."

위징이 진언했다.

"신이 옛 제왕의 사적을 살펴보니 그들 모두 창업할 때는 반드시 매우 삼가며 신중했고, 수시로 자신을 경계하며 충직한 건의를 좇았습니다. 그러나 천하가 안정되자 멋대로 방종하고 내키는 대로 행동하며 자신의 뜻을 따르는 아첨배의 말을 좋아하고, 정직한 논의는 듣기 싫어했습니다. 옛날 제환공이 관중과 포숙아鮑叔牙, 영척甯戚 등과 함께 술을 마신 적이 있습니다. 도중에 포숙아에게 '어찌하여 과인을 축수祝壽하지 않는 것이오?' 하며 축수를 부탁하자 포숙아가 술잔을 들고 일어나 대답하기를 '군주는 전에 거莒나라로 망명했을 때의 일을 잊지 말고, 관중으로 하여금 노나라에 체포되어 곤욕당했던 일을 잊지 않게 하고, 영척으로 하여금 수레 아래서 소에게 먹이 주던 때를 잊지 않게 하십시오'라고 했습니다. 제환공이 자리에서 일어나 칭송하기를 '제나라 사직은 결코 위험하지 않을 것이오!'라고 했습니다. 폐하도 제환공의 사례를 잊지 말아야 할 것입니다."

당태종이 위징에게 말했다.

"짐은 반드시 포의布衣로 있던 때를 잊지 않을 것이오. 그대 또한 포숙아의 사람됨을 잊지 말도록 하시오!"

위징이 제환공과 포숙아 이야기를 인용하며 말하고자 한 것은 이른바 '거안사위居安思危'였다. 이는 평안할 때 위기상황이 닥칠 것을 생각해 미리 대비하는 것을 말한다. 이것은 수성의 요체다. 군주가 거안사위를 하려면 반드시 부단히 스스로를 채찍질하고 연마하는 수밖에 없다. 그것이 바로 '자강불식自强不息'이다.

스스로 몸과 마음을 연마하라

《정관정요》〈논정〉에는 이세민의 자강불식에 관한 일화가 나온다.

정관 16년(642), 당태종이 좌우 시신에게 물었다.

"지난 일을 살펴보면 어떤 경우는 군주가 위에서 어리석은 일을 저지르는데도 신하들이 아래에서 잘 다스리고, 어떤 경우는 신하들이 아래에서 어리석게 일을 처리하는데도 군주가 위에서 훌륭하게 다스리기도 하오. 이 두 가지 정황을 비교하면 어떤 쪽이 더 심한 것이오?"

특진特進으로 있던 위징이 대답했다.

"군주가 치국평천하에 전념하면 신하들의 허물을 분명히 살필 수 있습니다. 한 사람을 처벌해 백 명을 경계시킬 수 있으면 누가 감히 군주의 위엄을 두려워하지 않고, 온 힘을 다해 일하지 않겠습니까? 군주가 위에서 어둡고 포학해 충간을 따르지 않는다면 설령 오자서 같은 인물이 있을지라도 재앙을 막지 못할 것입니다. 나라의 패망을 더욱 재촉할 뿐입니다."

위징이 신하의 보필보다 군주의 리더십에 초점을 맞추자 당태종이 반박했다.

"반드시 이와 같다면 남북조시대 북제北齊의 문선제文宣帝 고양은 어둡고 포악했지만 상서우복야尚书右僕射 양준언楊遵彦이 바른 길로 그를 잘 보필해 나라가 다스려지게 됐소. 당시 사람들이 '군주는 위에서 어리석지만 정치는 아래에서 맑았다'고 칭송한 것은 어찌 해석해야만 하오?"

위징이 대답했다.

"양준언이 폭군을 보필해 백성들을 구제하고 나라의 혼란을 면하게 만들었다고 하지만 사실 북제는 매우 위태로웠고, 백성들 또한 고통스러워했습니다. 양준언의 경우를 군주가 밝게 다스리는 정황에서 신하들이 국법을 두려워하고, 군주에게 거리낌 없이 직언하거나 바르게 간하며 모두 군주의 신임을 받는 경우와 같은 차원에서 말할 수는 없습니다."

양준언은 북제 문선제 때 법령을 개정하는 등 쇄신책을 강구해 국위를 크게 떨친 인물이다. 문선제 고양은 동위東魏의 재상으로 있던 고환高歡의 차자다. 어렸을 때부터 용맹하고 과단성이 있었다. 한번은 고환이 6명의 아들을 시험할 생각으로 어지럽게 엉킨 실타래를 내놓고 이를 풀도록 했다. 모두 망연해할 때 오직 고양만이 칼을 뽑아 단숨에 잘라버린 뒤 "어지러운 것은 응당 과감히 참해야 합니다!"라고 말했다. 여기서 나온 성어가 '쾌도참마快刀斬麻'다. 흔히 '쾌도난마快刀亂麻'로 표현하지만 이는 일본에서만 사용하는 잘못된 성어다.

문선제 고양은 즉위 후 군국대사를 포함한 모든 정사를 양준언에게 맡긴 뒤 조금도 의심하지 않았다. 문선제에게 은밀히 양준언을 비판하는 보고를 올린 자들은 모두 죽임을 당했다. 한 번은 문선제가 화장실에 있을 때 양준언이 직접 측주厠籌(나무나 대나무를 얇게 잘라 화장지 대용으로 사용한 물건)를 전해주기도 했다.

당태종이 양준언을 거론한 것은 신하들이 군신공치 정신에 입각해 헌신적인 노력을 하면 설령 어리석은 군주가 들어설지라도 결코 나라가 망하는 일은 없을 것이라는 취지에서였다. 사실 양준언 같은 신하만 있으면 나라가 망하지는 않는다. 수성 역시 창업 못지않게 뛰어난 신하의 보필이 매우 중요하다.

커다란 줄기를 세워라

대강계

●

大綱計

수문제와 개황지치

원래 수문제 양견은 북주北周 때 부친의 뒤를 이어 수국공隋國公이
된 후 이내 승상의 자리에 올랐다. 이 와중에 북주의 선제宣帝에게
딸을 보내 황제의 장인인 국구國舅가 됐다. 선제 사후에는 어린 외
손자 정제靜帝를 옹립한 뒤 사실상 대권을 장악했다. 개황 원년(581)
마침내 외손자 정제를 폐하고 자립해 수나라를 세웠다. 개황 9년
(589), 남조의 진陳나라를 멸한 뒤 천하를 통일했다. 진시황, 한고조
유방, 진무제 사마염을 뒤이은 네 번째 천하통일이었다. 서진이 패
망하고 남북조시대가 개막된 지 3백 년만의 쾌거였다.

양견은 20년에 걸친 재위 기간 중 나름 뛰어난 업적을 남겼다. 균

전제均田制를 확립하고, 호적을 정리해 재정 수입을 획기적으로 늘렸으며, 지방 호족의 세력을 크게 약화시켰다. 특히 관제를 대대적으로 개혁해 위진魏晉 이래 지속된 '9품관인법九品官人法'을 폐지한 뒤 새로운 과거제를 실시하고, 삼성육부三省六部로 상징되는 중앙집권 체제를 강화했다. 후대 사가들이 그의 치세를 두고 '개황지치開皇之治'로 부르는 이유다.

당태종은 평소 개황지치에 대해 그다지 높은 점수를 주지 않았다. 《정관정요》〈논정〉에 이와 관련된 일화가 나온다.

정관 4년(630), 당태종이 문득 태자소사太子少師 소우에게 물었다.

"수문제는 어떤 군주였소?"

개황지치에 대한 평을 물은 것이나 다름없었다. 소우의 대답도 세인의 평가와 크게 다르지 않았다.

"사욕을 누르고 예절을 따르며, 성실히 치국에 전념하고 매번 한가지로 조정에 나가 진지하게 정무를 처리했습니다. 어떤 때는 해가 서산으로 기울어질 때까지 정무를 살피기도 했습니다. 때로는 5품 이상의 관원을 한자리에 불러 국사를 함께 논의하다가 식사시간을 잊는 바람에 시종이 갖다 준 간단한 음식으로 허기를 면한 적도 있습니다. 비록 성품이 인자하거나 지혜롭지는 못했으나 진심으로 치국에 애쓴 군주였다고 평할 만합니다."

당태종이 다음과 같이 반박했다.

"그대는 하나만 알고 둘은 모르고 있소. 그는 지나치게 세심한데다 사리에도 밝지 못했소. 더구나 어린 정제를 폐출하는 식으로 군

주를 속이고 천하를 차지한 자요. 늘 군신들이 불복하는 마음을 품
지는 않을까 두려워하며 문무백관을 믿으려 하지 않았소. 매사를
스스로 결단한 까닭에 비록 몸과 마음을 수고스럽게 했을지라도 끝
내 정리情理에 맞게 처리할 수 없었소. 재상 이하 모든 관원은 그의
마음을 잘 알고 있었기에 감히 직언하지 못하고 오직 그대로 좇았
을 뿐이오. 하루에 열 건의 일을 결단할 경우 절반가량은 사안의 핵
심에서 벗어나게 되오. 수문제가 행한 일을 어찌 현명한 인재를 널
리 선발해 일을 맡기고, 높은 곳에서 멀리 내다보는 식으로 사안을
크게 보는 행보에 비할 수 있겠소?"

　당태종은 곧 모든 관청에 명해 조칙이 온당치 못하면 반드시 상
주해 각자의 견해를 피력하고, 군주의 뜻을 그대로 좇아 시행하는
일이 없도록 조치했다. 정책의 큰 틀은 군주가 제시할 테니 구체적
인 일은 해당 관원들이 소신을 갖고 각자의 의견을 개진하며 신하
로서의 책임을 다하라고 촉구한 것이다.

고굉과 이목으로 수성하라

신하들을 표현할 때 맡은 바 역할에 따라 보통 고굉지신股肱之臣, 후
설지신喉舌之臣, 이목지신耳目之臣 등으로 분류한다. 고굉에서 고股는
넓적다리, 굉肱은 팔뚝을 뜻한다. 군주의 넓적다리와 팔뚝의 역할
을 하는 게 바로 '고굉지신'이다. 주로 군주 곁에서 보필하는 중신重

臣을 비유할 때 사용한다. 군주의 입을 대신하는 신하가 바로 '후설지신'이다. 후喉는 목구멍, 설舌은 혀를 뜻한다. 군주의 명을 조정에 알리거나 조정의 여론을 군주에게 전하는 역할을 하는 승지承旨 또는 언관言官을 지칭할 때 사용한다. 이耳는 귀, 목目은 눈으로 군주의 눈과 귀 역할을 하는 신하가 바로 '이목지신'이다. 사정司正기관에서 일하는 관원을 지칭한다. 군주가 지방 관원을 감시하기 위해 파견하는 어사가 대표적이다.

고굉지신 등의 표현은 천하가 매우 넓은 까닭에 군주 홀로 다스릴 수 없다는 의미를 담고 있다. 고굉과 후설, 이목의 역할을 대신하는 신하들이 제 역할을 해야만 천하를 제대로 다스릴 수 있다는 얘기나 다름없다. 당태종은 이를 통찰했다. 《정관정요》〈논정〉에 이와 관련한 일화가 나온다.

정관 5년(631), 당태종이 좌우 시신侍臣들에게 다음과 같이 말했다.

"치국治國과 치병治病은 아무런 차이도 없소. 병자의 상태가 좋아졌다고 생각되면 오히려 더욱 잘 보호해야 하는 것처럼 평화롭다고 해서 교만하고 안일한 모습을 보이면 틀림없이 패망하게 될 것이오. 짐의 이목과 고굉 역할을 경들에게 맡길 터이니 일을 하면서 이치에 맞지 않는 부분이 있으면 서슴없이 간하고, 이를 숨기는 일이 없도록 해주시오. 군신이 서로 의심하며 마음속에 있는 말을 다하지 못하면 실로 나라를 다스리는 데 큰 해가 될 것이오."

당태종이 좌우 시신들에게 자신의 이목과 고굉 역할을 충실히 해달라고 부탁한 것은 '군신공치'의 기조를 토대로 반드시 수성에 성공하겠다는 의지를 드러낸 것이다.

통상 군신공치를 행할 때 걸림돌이 있다. 바로 태자를 포함한 황자들의 행보다. 이들은 군주의 신하인 동시에 자식들이다. 여타 신하들과는 차이가 있다. 당태종 역시 사람인 까닭에 군신들이 황자들을 무시했다는 얘기를 듣고 격노했다가 위징의 간언을 듣고 이내 자신의 잘못을 뉘우친 바 있다.

정관 10년(636), 월왕越王 이태李泰는 장손황후의 소생으로 태자 이승건의 동생이다. 매우 총명해 당태종의 각별한 총애를 받았다. 어떤 사람이 당태종에게 3품 이상의 대신들 모두 월왕을 경멸한다고 고했다. 이에 당태종이 크게 노해 곧 수레를 타고 제정전齊政殿으로 달려가 3품 이상의 대신들을 불러놓고 언성을 높였다.

"짐은 수나라의 여러 제후왕과 대관 이하의 사람들이 곤욕당하는 것을 본 적이 있어 그들을 너그럽게 용납했소. 짐의 아들인 월왕으로서는 응당 그들이 함부로 방자하게 구는 것을 용납할 수 없었을 것이오. 그대들은 대수롭지 않게 그곳을 지나치면서 어떻게 그들과 함께 월왕을 경멸할 수 있는 것이오?"

방현령 등이 모두 벌벌 떨면서 사죄했다. 이때 위징만이 정색을 하며 이같이 간했다.

"지금 조정의 관원들은 결코 월왕을 경멸하지 않았습니다. 예의 면에서 볼 때 신하는 군주의 자제와 동등합니다. 제후란 군주가 그들을 임용해 공公으로 삼으면 공이 되고, 경卿으로 삼으면 경이 되는 것입니다. 지금 3품 이상의 관원은 지위가 공경과 같은 서열입니다. 모두 천자의 대신이고, 폐하가 예로써 공경하며 우대하는 자들입니다. 설령 그들에게 약간의 잘못이 있을지라도 월왕이 어떻게 멋대로 모욕을 가할 수 있는 것입니까? 나라의 기강이 폐해졌거나 무너진 것도 아닌데 월왕이 어찌 그와 같이 할 수 있는 것입니까?"

당태종이 얼굴색을 바꾸며 위징을 칭송했다.

"짐이 한 말은 개인의 사사로운 애정에서 나온 것이나, 위징이 한 말은 나라의 대법大法을 언급한 것이오. 짐은 방금 화가 치민 나머지 나름 이치에 합당하다고 생각해 아무 의심도 하지 않은 채 말을 했소. 그러나 위징의 말을 듣고는 짐의 생각이 이치에 합당치 않다는 사실을 이내 알게 되었소."

그러고는 방현령 등을 따로 불러 따끔하게 질책한 뒤 위징에게 비단 천 필을 내렸다. 주목할 것은 당태종이 위징의 말을 듣고는 곧바로 자신의 잘못을 정중히 사과한 점이다. 후대 사가들이 이런 명군과 현신의 만남이 정관지치를 가능케 했다고 평한 것은 결코 틀린 말이 아니다.

· 제9강 ·

늘 막힘없이 교신하라

소통계

疏通計

간언을 권장하라

언론言論은 '말하고 논한다'는 뜻이다. 몸으로 치면 혈액순환에 비유할 수 있다. 혈액순환이 안되면 몸이 썩듯이 언론이 막히면 기업과 국가공동체 역시 이내 괴사하고 만다. 그래서 명군들 모두 신하들의 간언諫言을 열심히 구한다. 군주가 아무리 뛰어난 재능을 지니고 열심히 정사에 임할지라도 천하는 넓고 일은 많을 수밖에 없다. 천하의 대소사를 홀로 감당하는 만기친재萬機親裁는 바람직하지 않을 뿐만 아니라 물리적으로도 불가능하다. 시간에 쫓겨 성급한 판단을 내릴 경우 오히려 일을 그르칠 수 있다. 《정관정요》〈논정〉에 따르면 정관 6년(632), 당태종은 좌우 시신에게 이같이 당부했다.

"짐이 최근 조정에서 정무를 처리할 때 율령에 어긋난 것이 있었소. 그러나 공들은 이를 사소한 일로 간주해 제대로 간하지 않았소. 무릇 큰일은 모두 사소한 일에서 시작되고, 사소한 일을 논의하지 않으면 큰일 또한 구할 길이 없는 법이오. 사직이 기울고 위태로워지는 것이 여기에서 비롯되지 않는 게 없소. 공들은 부디 짐을 위해 수나라가 패망한 배경을 깊이 생각해주시오."

고금을 막론하고 군주에게 직간을 하는 일은 매우 어려운 일이다. 이른바 '역린逆鱗'의 위험 때문이다. 군주 스스로 열린 마음으로 언로를 크게 열어줄 필요가 있다. 당태종은 초기만 하더라도 이를 제대로 파악하지 못했다.

"당초 당태종은 위의威儀가 엄숙했다. 문무백관 가운데 앞으로 나아가 알현하는 자들 모두 당당함을 잃었다."

'당당함을 잃었다'는 지적은 역린을 우려해 당태종의 심기를 헤아려 입맛에 맞는 얘기만 했다는 얘기를 에둘러 표현한 것이다. 이와 같이 해서는 간언의 의미가 퇴색된다. 이세민은 뒤늦게 이런 사실을 알아챘다. 이후 상주하는 관원을 접견할 때마다 안색을 부드럽게 했다. 그는 좌우 시신에게 다음과 같이 당부했다.

"정직한 군주가 간사한 신하를 임용하면 나라를 제대로 다스릴 수 없고, 정직한 신하가 사악한 군주를 섬겨도 나라를 제대로 다스릴 수 없소. 짐은 대신들의 직언과 바른 논의에 의지해 천하를 태평성대로 만들고 싶소."

그러고는 곧 조서를 내려 재상이 입궁해 국사를 논의할 때는 반드시 간언을 전담하는 간의대부諫議大夫와 함께 들어오도록 했다. 그들로 하여금 국사 전반에 대해 소상히 알 수 있도록 배려한 것이다.

역린의 독침을 제거하라

"무릇 용이란 동물은 유순한 까닭에 잘 길들이면 능히 타고 다닐 수 있다. 그러나 그 턱 밑에 한 자나 되는 '역린'이 거꾸로 박혀 있다. 사람이 이를 잘못 건드리면 용을 길들인 자라도 반드시 죽임을 당하게 된다. 군주에게도 역린이 있다. 유세하는 자가 역린을 건드리지 않고 설득할 수만 있다면 거의 성공을 기할 수 있다."

한비자는 《한비자》〈세난〉에서 역린을 거스르지 않고 유세할 수만 있다면 능히 군주를 설복시킬 수 있다고 주장했다. 감당해야 할 위험이 큰 만큼 그 효과도 크다는 의미를 함축하고 있다. 유세를 통해 군주를 설득하고자 하는 신하가 거꾸로 박혀 있는 역린을 건드리는 것은 곧 죽음을 의미한다. 군주에 대한 유세 자체가 생과 사를 넘나드는 일종의 '도박'에 가깝다는 취지를 담고 있다. 이세민도 이를 잘 알고 있었다.

정관 2년(628), 좌우 시신에게 그는 다음과 같이 말했다.

"명군은 늘 자신의 단점을 생각하는 까닭에 날로 현명해지지만, 암군은 자신의 단점을 변명하며 옹호하는 까닭에 영원히 어리석게 되오. 은나라의 현인 기자箕子는 광인 행세로 목숨을 보존한 바 있소. 공자는 기자를 어질다고 칭송했소."

이세민이 기자를 언급한 것은 군주의 허물을 기탄없이 간해 바로잡아줄 것을 주문한 것이다. 그것이 행해지기 위해서는 역린에 대한 신하들의 두려움을 군주가 앞장서서 제거해주는 것이 무엇보다 필요하다.

정관 6년(632), 하루는 당태종이 어사대부 위정韋挺 등의 상소가 자신의 생각과 일치한다고 생각해 이들을 불러들였다.

"용은 어루만져 훈련시킬 수 있지만 용의 목 아래에 역린이 있어 조심해야 한다는 얘기를 짐도 들은 바 있소. 그대들은 역린을 피하지 말고, 각기 나름 생각하고 있는 시정에 관한 구상을 건의토록 하시오."

역린은 기본적으로 군주의 변덕에서 비롯된다. 이를 탓할 수는 없다. 군주도 사람인 까닭에 상황에 따라 입장이 수시로 바뀔 수밖에 없다. 아무리 뛰어난 미색을 지닌 여인일지라도 미색이 쇠해지면 계속하여 군주의 총애를 얻기 힘든 것과 같다. 역린을 건들지 않고 간언 혹은 유세하는 것은 마치 독이 든 복어를 요리하는 것에 비유할 만하다. 복어 요리에도 다양한 비법이 있듯이 군주에 따라 역린의 모습과 종류도 매우 다양하여 그 비결을 일일이 말로 전하기는 쉽지 않다.

근원적인 해법은 결국 군주 스스로 역린을 제거하는 수밖에 없다. 문제는 이것이 쉽지 않다는 점이다. 군주도 사람인 까닭에 희로

애락의 영향을 받지 않을 수 없기 때문이다. 아무리 노력할지라도 역린을 근원적으로 제거하는 것은 불가능하다. 군주 스스로 절제하며 역린의 가능성을 최대한 억제하는 것이 최선이다. 불같은 성미의 당태종이 바로 이를 실천했다.

위징과 장손황후

정관지치는 기본적으로 당태종이 신하들의 건의와 간언을 적극 수용한 데서 비롯됐다. 간언하는 신하들 가운데 가장 대표적인 인물이 바로 '위징'이었다. 당태종은 곧은 소리를 하는 위징의 간언을 가장 무서워했다.

하루는 이세민이 매를 데리고 놀다가 위징이 들어오는 것을 보고 나무랄까 봐 그것을 품속에 감췄다. 위징은 못 본 척하고 당태종에게 업무를 보고하면서 일부러 시간을 끌었다. 그가 돌아가고 나서 보니 매는 이미 숨이 막혀 죽어 있었다. 위징이 다양한 방식으로 '사람 거울' 역할을 했음을 짐작케 해준다. 당태종은 성공적인 수성을 위해서는 신하들의 직간이 절대적으로 필요하다고 생각했다.

정관 초년, 당태종이 대신들에게 말했다.

"사람이 자신의 얼굴을 보려면 반드시 맑은 거울이 있어야 하고, 군주가 자신의 허물을 알려면 반드시 충직한 신하에게 의지해야 하오. 수양제가 포학한 탓에 신하들은 입을 다문 채 아무 말도 하지 못했소. 자신에게 어떤 허물이 있는지 전혀 듣지 못한 까닭에 결국 패망하고 말았소. 이는 오래전 일이 아니오. 그대들은 짐이 백성에게 불리한 일을 하는 것을 보면 반드시 옳은 도리나 이치로 직언하여 짐이 잘못을 고칠 수 있게 도와주어야만 하오."

옳은 도리나 이치로 직언하여 윗사람의 잘못을 고쳐주는 것을 '규간規諫'이라고 한다. 위징이 이를 전담하다시피 했다. 이세민은 위징의 규간을 거의 그대로 받아들였다. 그러나 매번 그러했던 것은 아니다. 《구당서》와 《신당서》의 〈문덕황후전〉에 따르면, 하루는 조회를 마치고 내전으로 돌아온 이세민의 표정이 험악하게 일그러져 있었다. 장손황후가 조심스레 묻자 이세민이 목소리를 높이며 거침없이 말했다.

"위징 그 시골 촌놈이 조회에서 또 짐에게 대들었소. 이 시골뜨기를 죽이지 않으면 내 마음속의 한을 풀 방법이 없을 것 같소!"

그러자 장손황후가 즉시 내실로 들어가 조복朝服으로 갈아입고 돌아와서는 이세민에게 절을 하며 축하했다. 이세민이 당혹해하며 그 이유를 묻자 이같이 대답했다.

"사서에 보면 군주가 성군이면 신하도 충신이라고 했습니다. 지금 폐하가 성군으로 계시는 까닭에 위징 같은 신하가 직언을 하는 것이 아니겠습니까? 천하에서 이런 성군을 얻었으니 폐하 곁에 있는 첩으로서 어찌 이를 축하하지 않을 수 있겠습니까?"

이세민이 크게 기뻐하며 이내 노기를 가라앉혔다. 장손황후가 아니었다면 위징도 낭패를 면하기 어려웠을 것이다.

내실의 참모 장손황후

객관적으로 볼 때 장손황후는 단순한 황후가 아니었다. 이세민의 최고급 핵심 참모나 다름없었다. 장손황후가 사망했을 때 이세민이 오열하며 탄식한 것만 봐도 그러한 사실을 짐작케 한다.

"황후는 매번 법도에 맞게 간하여 짐의 부족함을 메워주었소. 짐은 이제 좋은 보좌역을 잃어 참으로 비통하기 짝이 없소!"

이세민은 과연 장손황후로부터 어떤 조언과 간언을 들었기에 이런 평을 내린 것일까? 《정관정요》를 비롯해 《구당서》 및 《신당서》 등의 사서를 종합해보면 몇 가지 중요한 배경을 찾아낼 수 있는데, 크게 네 가지로 요약하면 다음과 같다.

첫째, 장손황후는 이세민의 고문 역할을 수행했다. 그녀는 이세민이 물을 때 즉답을 피하거나 아예 대답하지 않았다. 어떤 때는 이세민이 물어도 대답하지 않다가 두세 번에 걸쳐 거듭 물을 때 부득불 다음과 같이 말했다.

"그것은 황제의 일입니다. 부녀자가 관여할 일이 아닙니다."

그래도 견해를 듣고자 할 때 비로소 자신의 생각을 조심스럽게 피력했다. 이세민으로 하여금 자신의 의견을 들을 필요가 있는지 스스로 판단하게 하려는 심모원려深謀遠慮였다.

둘째, 외척인 장손씨 집안과 관련된 일에 대해서 만큼은 자신의 견해를 정확히 피력했다. 국사에 관한 의견을 피력할 때와는 정반대로 피하기는커녕 오히려 자신의 속마음을 과감히 드러냈다. 장손씨 집안의 운명이 자신의 어깨에 달렸다는 사실을 숙지한 결과다. 고금을 막론하고 황후는 황제에 버금하는 막강한 권력을 지니고 있다. 황제가 베푸는 총애의 부침에 따라 부귀영화의 정점에 서는가 하면 일거에 몰락하기도 했다. 바로 외척의 개입을 차단해야 하는 이유다.

셋째, 장손황후는 사실상 천하의 인재인 위징과 방현령을 천거한 장본인에 해당한다. 동복 오라비인 장손무기를 물러나게 한 것과 대비되는 행보다. 그녀는 두 사람을 적극 천거했다. 위징은 원래 이세민 편이 아니었다. 현무문의 정변 직후 이세민의 참모들 가운데 위징을 적극 수용하고자 하는 사람은 아무도 없었다. 이때 그녀가 위징의 발탁을 적극 권하고 나섰다. 위징이 역사에 남을 수 있었던 근본 배경이 그녀에게 있는 셈이다.

넷째, 장손황후는 국익을 사익보다 늘 앞세웠다. 정관 8년(634), 장손황후가 이세민과 함께 구성궁을 순행하던 중 지병이 도져 자리에 눕게 됐다. 태자 이승건이 죄수들을 사면한 뒤 그들을 도관道觀으로 보내 황후의 쾌유를 비는 방안을 이세민에게 제의했다. 위징도 이의를 제기하지 않았다. 하지만 장손황후가 결연히 반대했다.

"생사는 명에 따른 것으로 인력으로 간여할 수 있는 게 아닙니다. 사면은 국가 대사고, 불교는 이역에서 흘러들어온 종교일 뿐입니다. 황상은 불교가 치국의 도리에 병폐로 작용할까 늘 걱정하고 있습니다. 어찌 일개 부인으로 인해 천하의 법을 어지럽게 만들 수 있겠습니까?"

주변 사람들이 모두 감동해 눈물을 흘렸다. 장손황후는 2년 뒤인 정관 10년(636) 여름, 세상을 떠났다. 당시 나이 36세였다. 임종 직전 외척에게 높은 관직을 주지 말라고 당부하며 장례 또한 검소하게 치러줄 것을 청했다. 당태종이 이를 좇지 않고 특별히 누각 하나를 지었다. 현처賢妻에 대한 존경과 그리움을 표하고자 한 것이다.

강온 양면책을 혼용하라

관엄계

●

寬嚴計

엄격하면서도 부드러워라

치국평천하는 마치 사람들이 계절에 따라 옷을 갈아입는 것과 닮았다. 나라 안팎의 상황이 수시로 들쭉날쭉한 모습을 보이기 때문이다. 강온強溫 양면의 정책을 적절히 섞어 사용해야 하는 이유다. 대표적인 사례로 춘추시대 말기 정나라 재상 자산子産을 들 수 있다.

《논어》〈헌문〉에 따르면 공자는 자산을 바람직한 군자의 모델로 삼았다. 14년간에 걸친 천하 유세의 결과 때문이다. 공자의 천하 유세가 그만큼 파란만장했기에 현실에 충실했던 자산을 새삼 높이 평가한 것이다.

"정나라는 사령辭令을 만들 때 먼저 비심裨諶이 초안을 만들고, 유길游吉이 그 내용을 검토하고, 자우子羽가 이를 다듬고, 마지막으로 동리東里에 사는 자산이 윤색을 하여 완성시켰다."

사령은 지금으로 치면 일종의 외교문서에 해당한다. 공자가 자산을 포함해 이들 4명의 대부를 공히 칭송한 것은 이들이 일치단결해 약소국 정나라를 '허브국가'로 만든 점을 높이 평가한 결과다. 비심과 유길, 자우는 모두 자산이 천거한 사람들이다. 공자가 인재를 고루 등용해 나라를 다스린 자산을 극찬한 데는 공자의 조국 노나라가 늘 강대국 사이에 끼여 갈팡질팡한 모습을 보였기 때문이다.

허브국가 건설에 성공한 자산은 임종 직전 대부 유길을 불러 다음과 같이 당부한 바 있다.

"내가 죽게 되면 그대가 틀림없이 집정이 될 것이오. 오직 덕이 있는 자만이 관정寬政으로 백성을 복종시킬 수 있소. 그렇지 못한 사람은 맹정猛政으로 다스리느니만 못하오. 무릇 불은 맹렬하기 때문에 백성들이 이를 두려워해 불에 타 죽는 사람이 많지 않소. 그러나 물은 유약하기 때문에 백성들이 친근하게 여겨 쉽게 가지고 놀다가 이로 인해 매우 많은 사람이 물에 빠져 죽게 되오. 관정을 펴기가 매우 어려운 이유요."

그러나 유길은 자산의 당부를 제대로 이행하지 않았다. 그런 탓에 도둑이 급속히 늘어나자 크게 후회했다. 결국 병력을 대거 동원해 무리지어 숨어 지내는 도둑들을 대대적으로 소탕해야만 했다. 사서에 기록된 사상 최초의 '범죄와의 전쟁'에 해당한다.

당시 이 소식을 전해들은 공자는 이와 같이 평했다.

"참으로 잘한 일이다. 정치가 관대해지면 백성이 태만해진다. 태만해지면 엄히 다스려 바르게 고쳐놓아야 한다. 정치가 엄하면 백성이 상해를 입게 된다. 상해를 입게 되면 관대함으로 이를 어루만져야 한다. 관대함으로 백성들이 상처 입는 것을 막고 엄정함으로 백성들의 태만함을 고쳐야 정치가 조화를 이룬다."

공자의 평은 관정과 맹정을 섞어 쓰는 '관맹상제寬猛相濟'의 이치를 언급한 것이다. 상황에 따라 왕도와 패도를 섞어 쓰는 '왕패병용王霸幷用'의 이치와도 같다.

신민에게 너그러워라

춘추시대 전 시기를 통틀어 관중과 자산만큼 뛰어난 인물도 드물다. 두 사람 모두 국기國紀를 바로잡아 나라를 부강하게 만들고, 백성들로 하여금 평안히 생업에 종사케 하고, 천하를 병란의 위협으로부터 구해냈다. 관맹상제의 이치를 터득한 덕분이다.

정관 11년(637), 시어사 마주가 상소했다.

"예로부터 명군은 개개인이 처한 정황을 좇아 그에 상응하는 교화를 펼쳤습니다. 정령이 관대하면서도 엄한 관맹상제의 수준을 시국의 변화에 따라 적당히 조절한 이유입니다. 스스로에게 엄격하면서 백성에게 은혜를 베푸는 엄기관인嚴己寬人이야말로 정치 교화의 요체에 해당합니다."

당태종도 이를 잘 알고 있었다. 그래서 재위 도중 제왕이 스스로의 잘못을 책망하는 이른바 '죄기조罪己詔'를 발표한 것이다.

《구당서》와 《신당서》의 〈태종본기〉〈당인홍전〉에 따르면 개국공신 당인홍黨仁弘은 원래 수나라 무장이었다. 당고조 이연이 거병할 때 2천 명의 병사를 이끌고 지금의 산서성 영제永濟인 포판蒲坂에서 이연에게 투항했다. 이후 그는 여러 전쟁을 치르며 커다란 공을 세웠다. 하지만 정관 16년(642) 초, 누군가 당인홍이 뇌물 백만 량을 받았다고 고발했는데 이것이 사실로 드러나 사형을 면하기 어렵게 됐다. 이세민이 볼 때 당인홍이 평생 쌓아온 공로도 있고 이미 반백의 노인인지라 차마 죽일 수는 없었다. 곧바로 좌우 대신들을 불러 도움을 청했다.

"짐이 어제 대리시大理寺로부터 다섯 차례에 걸쳐 보고를 받았소. 당인홍을 처결하라는 것이오. 당시 나는 점심을 먹고 있었소. 곧 좌우에 명해 결안을 갖고 오게 했소. 당인홍의 목숨을 구하고자 한 것이오. 당인홍의 죄를 벗겨주고 싶은데 아무리 생각해봐도 적당한 핑계거리가 생각나지 않소. 법을 어기지 않는 선에서 사형을 면하게 해줄 방법이 없겠소?"

동양에서는 청나라가 패망하는 20세기 초까지 지금의 대법원에 해당하는 '대리시'와 법무부에 해당하는 '형부'를 지금의 감사원장에 해당하는 어사대부 밑에 두었다.

이해 12월, 이세민이 5품 이상의 관원들을 태극전으로 불러놓고 다음과 같이 말했다.

"법은 곧 하늘이오. 군주의 자리에 있으면서 사사로운 욕심을 채우기 위해 천하의 믿음을 저버릴 수는 없소. 짐이 당인홍의 죄를 없애주려는 것은 법에 어긋나는 행동이오. 짐은 남쪽 교외로 나가 사죄를 하려 하오. 거적을 깔고 매일 한 끼 식사만 하면서 하늘을 향해 3일 동안 사죄하겠소."

제왕이 석고대죄席藁待罪를 자처하고 나선 것이다. 승상 방현령을 비롯한 대신들이 극구 만류했다.

"생살의 권한은 본래 폐하에게 달려 있습니다. 하필 이같이 자책할 필요가 있겠습니까?"

이세민이 동의하지 않자 대신들이 궁궐 뜰에 모여 앉아 아침부터 정오까지 머리를 조아리며 만류했다. 결국 이세민이 '죄기조'를 내렸다.

"짐은 세 가지 죄를 지었다. 첫째, 사람을 제대로 알아보지 못했다. 둘째, 사적으로 법을 어지럽히려 했다. 셋째, 선행을 칭송하면서 아직 포상을 다하지 못하고 악행을 미워하면서 아직 처벌을 다하지 못했다."

그러고는 당인홍의 사면을 행했다. 이어 삭탈관직한 뒤 평민으로 강등시켜 흠주欽州로 유배를 보냈다. 절충점을 찾은 것이다. 주목할 것은 이 사건에서 당태종이 자신에게는 엄격한 잣대를 적용해 죄기조를 내리면서, 개국공신을 살려내기 위해 애쓴 점이다. 제왕이 스스로에게는 엄정하고, 신민에게는 너그러운 '엄기관인嚴己寬人'의 대표적인 사례에 속한다.

무위지치를 행하라

《정관정요》에는 《도덕경》을 관통하는 '무위지치無爲之治'에 관한 애기가 많이 나온다. 이는 천지자연의 이치를 좇아 인위적인 요소를 극소화한 다스림을 말한다. 즉 '도치道治'와 같은 말이다. 우주만물의 근원인 '도'가 인간을 포함한 삼라만상에 내재해 있다고 주장한 노자는 유위有爲를 배경으로 한 인도人道를 무위無爲를 본질로 하는 천도天道의 수준으로 끌어올리고자 했다.

노자가 말한 '덕'은 세 가지 특징이 있다. 무위와 무욕無欲, 부쟁不爭이 그것이다. 제왕이 무위지치를 행하지 않은 채 이익을 놓고 신민과 다툴 경우 나라는 이내 패망의 길로 접어들게 된다.

"나라를 다스리면서 위정자가 사치하면 국고를 낭비하게 되어 백성들이 가난해진다. 백성들이 가난해지면 그들은 간사한 꾀를 내어 나라를 어지럽힌다."

《관자》〈팔관〉에 나오는 말로 공자도 《대학》에서 이와 비슷한 언급을 한 바 있다.

"어진 사람은 재물로써 몸을 일으키고, 어질지 못한 사람들은 몸을 망치면서 재물을 일으킨다."

당태종도 이를 통찰했다. 무위지치를 자주 언급한 게 그 증거다.

정관 3년(629), 당태종이 급사중 공영달孔穎達에게 물었다.

"《논어》〈태백〉에 따르면 증자가 말하기를 '유능하면서도 유능하지 않은 이에게 묻고, 학식이 많으면서도 적은 이에게 묻고, 있어도 없는 것처럼 하고, 가득 찼어도 빈 것처럼 한다'고 했소. 이게 무슨 뜻이오?"

공자의 후손인 공영달이 대답했다.

"아무리 뛰어난 재능을 지녔을지라도 아직 부족하다고 여겨 그렇지 못한 자에게 가르침을 청하면 더욱 큰 이익을 얻을 수 있습니다. 재능이 있어도 없는 것처럼 하고, 지식이 풍부해도 그렇지 않은 것처럼 행동하는 게 관건입니다. 제왕이 자신의 총명을 빛내거나 재능을 드러내며 사람을 얕보고 과실을 가리면서 간언을 거부하면, 상하 간의 정서가 단절되고 군신의 도리가 서로 어긋나게 됩니다. 예로부터 나라의 패망이 여기서 비롯되지 않은 적이 없습니다."

당태종이 크게 기뻐하며 공영달에게 비단 200단을 하사했다.

위징도 노자가 역설한 무위지치에 크게 공명하고 있었다.

정관 11년(637), 특진 위징이 상소했다.

"수양제는 천하의 백성을 몰아세워 멋대로 욕망을 채우다가 결국 자신은 일개 필부의 손에 죽고, 자손은 완전히 절멸해 천하 사람의 웃음거리가 되고 말았습니다. 수나라의 패망 이유를 되돌아보고 스스로를 절제하십시오. 그러면 군주의 덕이 백성들에게 자연스럽게 스며들어 모든 것이 저절로 다스려지는 무위지치를 이룰 수 있을 것입니다."

한비자는《한비자》〈외저설 좌하〉에서 무위지치의 효용을 설명하기 위해 이런 사례史例를 들었다.

하루는 주문왕이 숭崇나라를 치고 봉황鳳黃의 언덕에 이르렀을 때 신발 끈이 풀렸다. 이때 시종들을 시키지 않고 직접 묶었다. 태공망 여상이 의아해하며 묻자 다음과 같이 대답했다.

"상군上君 곁에 있는 자는 모두 스승이고, 중군中君 곁에 있는 자는 모두 친구며, 하군下君 곁에 있는 자는 모두 시종이오. 지금 이곳에 있는 신하들 모두 선왕의 신하들이기에 이 일을 시킬 수 없었소."

스스로 절제하고 백성들을 두루 감싸 안으면서 스승 내지 친구로 삼는 자세를 지녀야만 '상군'이 될 수 있고, 그래야만 궁극적으로 최상의 치도治道인 무위지치도 이룰 수 있다고 지적한 것이다.

인재를 수시로 천거하라

거현계

●

舉賢計

인재 확보에 나태하지 마라

치세와 난세를 막론하고 사업의 성패는 '인재 확보' 여부에 달려 있다. 다만 치세와 난세는 필요로 하는 인재의 유형이 다르다는 점에 주의할 필요가 있다. 난세에는 능력만 있으면 과감히 발탁하는 이른바 '유재시거惟才是擧'의 원칙이 적용된다. 창업은 난세 때 이뤄지는 것에서도 알 수 있듯이 유재시거는 창업의 기본 원칙이기도 하다. 재능도 재능이지만 덕성이 덧붙여지는 치세의 '재덕겸비才德兼備'의 원칙과 대비된다. 수성은 난세의 창업 이후 이뤄지는 까닭에 재덕겸비는 수성의 일반 원칙이기도 하다. 다만 치세 때도 재덕을 겸비한 사람을 만나기란 그리 쉬운 일이 아니다. 치세 때는 비록 재덕겸비를 내세우고는 있으나 재능보다는 상대적으로 덕성에 방점을 찍는다. 오직 재능에 주목하는 난세 때와 근본적인 차이가 있다.

《정관정요》〈택관〉에 관련 일화가 나온다.

정관 2년(628), 당태종이 우복야 봉덕이封德彝에게 이같이 말했다.

"나라를 안정되게 다스리는 근본은 오직 인재를 얻는 데 있소. 근래에 짐은 그대에게 현량한 인재의 천거를 부탁했으나 그대는 아직 아무도 천거하지 않고 있소. 천하를 다스리는 임무가 매우 중대하니 그대는 응당 짐의 근심을 덜어주어야 할 것이오."

봉덕이가 대답했다.

"신은 비록 우매하기는 하나 어찌 감히 마음을 다하지 않겠습니까? 그러나 아직 뛰어난 재능을 지닌 기재이능奇才異能의 인물을 찾지 못했습니다."

그러자 당태종이 힐난했다.

"명군은 사람을 임용할 때 그릇을 사용하듯 했소. 장점만을 활용한 게 비결이오. 그 시대에 부합하는 인재를 선발할 뿐 다른 시대를 기준으로 인재를 찾지 않았소. 어찌 은나라 고종이 꿈에서 부열傅說을 보고, 주문왕이 꿈에서 여상呂尚을 만난 것과 같은 기적을 기다린 연후에 나라를 다스릴 수 있겠소? 게다가 어느 때인들 현능한 인재가 없을 리 있겠소?"

봉덕이가 크게 부끄러워하며 얼굴을 붉힌 채 물러났다. '부열'은 은나라 고종 때 활약한 재상을 말한다. 본래 노비로 있었으나 고종의 발탁으로 재상이 된 뒤 은나라 중흥을 이뤄냈다. '여상'은 주나라

개국공신으로 본래 이름은 강자아姜子牙다. 주문왕이 위수渭水 가에서 곧은 낚시로 고기를 낚고 있는 그를 만나 스승으로 삼으면서 주문왕의 조상인 태공이 꿈에 나타나 일러준 사람이라는 뜻에서 태공망太公望 호칭을 얻게 됐다.

당태종이 부열과 여상을 거론한 것은 봉덕이의 말을 인재 천거의 나태한 행보에 대한 변명에 불과하다고 간주한 결과다. 난세뿐만 아니라 치세 때도 유능한 인재는 도처에 존재한다. 관원들이 이런저런 핑계로 이를 게을리할 경우 인재가 조정에 들어와 뜻을 펼 기회가 줄어든다. 이는 결국 붕당朋黨의 결성을 촉진하는 요인으로 작용한다는 점에서 인재 천거는 뒤로 미룰 수 없는 중대한 사안이다.

인재 추천을 독려하라

수성에 성공하기 위해서는 천하의 인재를 두루 구해야 한다는 당태종의 입장은 확고했다. 인재 천거를 게을리한 봉덕이를 힐난한 이듬해인 정관 3년(629), 당태종이 이부상서 두여회에게 물었다.

"근래 짐이 이부吏部에서 선발한 인재를 보니 단지 그들이 말을 잘하거나 문장을 잘 짓는지의 여부만 보고 취한 듯하오. 그들이 고상한 덕의 소유자인지의 여부는 알 길이 없소. 행여 몇 년 후 그들의 사악한 행적이 드러나면 설령 참형을 가할지라도 백성들은 이미 그 해악을 입은 뒤일 것이오. 이를 두고 어찌 좋은 인재를 얻었다고 할 수 있겠소?"

두여회가 대답했다.

"한나라 때 인재 선발 과정을 보면 모두 마을에서 덕행이 뛰어난 사람 가운데 주군州郡 관원의 천거를 거쳐 임용했습니다. 현량한 인재가 매우 많았다고 일컬어지는 이유입니다. 지금 해마다 과거로 선발되는 인재가 수천여 명에 이릅니다. 해당 관청은 단지 그들에게 일정한 직위와 품계를 나눠줄 뿐입니다. 이런 까닭에 진정한 인재를 얻을 길이 없습니다."

당태종이 좌우에 명해 한나라 때의 관원 선발 방식을 좇도록 했다. 각 주군에서 인재를 불러 모은 뒤 그들 가운데 간단한 시험 등을 거쳐 뛰어난 자를 천거하도록 한 것이다. 인재 선발에 최대한 공평을 기하고자 노력했다. 당태종의 인재 천거에 대한 재촉은 그의 재위 기간 내내 지속됐다.

정관 13년(639), 당태종이 좌우 시신에게 이같이 말했다.

"짐은 태평한 세월 뒤에 반드시 커다란 혼란이 일어나고, 커다란 혼란 뒤에 다시 태평한 세월이 온다고 들었소. 그대들은 현능한 인재가 어디에 있는지 제대로 알지 못하고, 짐 또한 천하의 사람을 두루 아는 게 불가능하오. 이런 식으로 하루하루 지나면 현능한 인재를 얻을 길이 없소. 짐은 이제 사람들로 하여금 자천自薦하도록 하려고 하오. 이 방법은 어떻겠소?"

위징이 반대했다.

"지인知人에 능한 자는 지혜로운 사람이고, 지기知己에 능한 자는 총명한 사람입니다. 예로부터 암우한 자들은 스스로 자신의 재능과 선행을 자랑하기 마련입니다. 자천의 방안은 불가합니다."

위징이 '자천'과 '타천'을 언급한 것은 치세와 난세는 인재 천거의 방법이 달라야 한다는 점을 지적하고자 한 것이다. 난세에는 자천이 오히려 효과적일 수 있다. 《삼국연의》에는 제갈량이 서서의 타천에 의해 유비의 '삼고초려' 예우를 받은 것으로 되어 있으나 진수의 《삼국지》 배송지 주에 인용된 《위략魏略》에는 제갈량이 자천한 것으로 나온다. 유방을 도와 한나라 건국에 대공을 세운 장량도 자천한 경우에 속한다. 난세에는 자천과 타천을 굳이 구분할 필요가 없다.

그러나 치세의 상황은 이와 다르다. 타천을 받지 못한 채 자천하는 자들 대부분이 위징이 말한 것처럼 암우한 자들로 명예와 이익을 얻기 위해 스스로를 과장한 인물일 공산이 크다.

적재를 적소에 임용하라

임현任賢은 '재덕을 겸비한 현명한 자에게 일을 맡긴다'는 뜻이다. 치세의 인재 발탁 원칙인 '재덕겸비'와 같은 취지다. 임현의 현賢은 현량賢良 내지 현능賢能의 줄임말이다. 즉, 덕성과 재주를 겸비한 현자를 뜻한다. 주의할 것은 임현에 성공할지라도 적재적소適材適所의 원칙을 관철하지 못하면 소기의 성과를 거둘 수 없다는 점이다.

한번은 형부상서 장량張亮이 모반죄에 연루돼 하옥되는 일이 빚어졌다. 당태종이 조정 대신들에게 명해 그의 처리 문제를 논하게 했다. 대다수 관원이 응당 사형에 처해야 한다고 말했다. 이때 황제의 수레와 의복, 음식물 등에 관한 사무를 관장하는 전중소감殿中少監 이도유李道裕만이 처벌에 반대했다. 모반의 증거가 충분치 못하다는 게 이유였다. 당태종은 크게 노해 있던 까닭에 이내 장량을 죽였다. 얼마 후 형부시랑의 자리가 비게 되자 당태종이 재상에게 명해 적임자를 신중히 선발토록 했다. 누차 명단을 올렸으나 모두 비준을 받지 못했다. 당태종이 군신들에게 말했다.

"짐은 적임자를 찾았소. 전에 장량의 사건을 논할 때 이도유는 증거 불충분을 이유로 처벌에 반대했소. 가히 공평했다고 할 수 있소. 당시 그의 건의를 받아들이지 않은 것을 지금은 크게 후회하오."

그러고는 이도유를 형부시랑에 임명했다. 당태종이 적재적소의 원칙을 얼마나 중시했는지를 보여주는 사례다.

정관 원년(626), 당태종이 방현령 등에게 말했다.

"《주례周禮》에서 말하기를 '관직은 반드시 다 갖출 필요가 없고, 직무에 부합하는 자를 임용하는 게 중요하다'고 했소. 현능한 사람을 선발해 등용하면 비록 관원의 수가 많지 않아도 족하오. 그렇지 못하면 설령 관원이 아무리 많은들 어디에 쓰겠소? 《사기》에 따르면 유세객 조량趙良은 상앙에게 말하기를 '천 마리의 양가죽은 한 마리의 여우 겨드랑이 가죽만큼의 가치도 없다'고 했소. 관원을 엄선해 관직을 대폭 줄이고, 각자 알맞은 직책을 담당하도록 하시오."

조량과 상앙의 일화는 《사기》〈상군열전〉 등에 상세히 소개되어 있는데 간단히 요약하자면 다음과 같다.

상앙이 두 번에 걸친 변법變法으로 큰 공을 이룬 뒤 식객인 조량 앞에서 크게 자부하며 말했다.

"그대는 내가 진나라를 다스리는 것을 볼 때 진목공 때의 재상 백리해百里奚와 비교해 누가 더 낫다고 생각하오?"

조량이 다음과 같이 대꾸했다.

"천 마리의 양가죽은 한 마리의 여우 겨드랑이 가죽만 못합니다. 천 명의 사람들이 아부하는 말은 한 사람이 정색으로 하는 직언만 못합니다."

인구에 회자하는 '일호지액一狐之腋'성어가 여기서 나왔다. 국록만 축내는 용관冗官의 퇴출과 적재적소 원칙의 중요성을 언급한 것이다. 당시 조량은 상앙이 엄정한 법 집행으로 많은 사람으로부터 원망을 산 것을 두고 경고했다.

"당신의 목숨이 마치 아침 이슬처럼 위태롭습니다."

상앙은 자신의 변법에 대한 자부심으로 이 말을 깊이 새기지 않았다. 결국 그는 변법을 시행하는 과정에서 원한을 산 태자가 진혜문왕으로 즉위하자마자 온몸이 찢기는 거열형에 처해지고 말았다.

임무를 나눠라

당태종의 치세 때 조정의 일은 방현령과 두여회가 전담하다시피 했다. 그러나 나랏일은 많고 시간은 늘 한정돼 있었다.

정관 2년(627), 당태종이 두 사람에게 말했다.

"근래 그대들이 하루에 수백 건에 달하는 소송을 처리한다고 들었소. 산더미처럼 쌓인 공문을 열람하려면 눈코 뜰 새 없이 바쁠 터인데 어느 여가에 짐을 도와 현철한 인재를 찾을 수 있겠소?"

이에 상서성에 조서를 내려 사소한 사안은 모두 좌승左丞과 우승右丞에게 위임해 처리하도록 하고, 커다란 원한이나 의문이 있는 중대 사안만 상주토록 했다. 당시 상서성에는 좌승과 우승을 한 명씩 두어 상서성 장관의 사무 처리를 돕도록 했다. 이들에게는 어사의 탄핵이 부당하면 반박할 수 있는 권한이 있었다. 좌승은 이吏와 호戶와 예禮, 우승은 병兵과 형刑과 공工의 일을 맡아 관리했다. 지금으로 치면 중앙청의 국장급에 해당한다. 이해에 당태종이 다시 좌우 시신에게 이같이 말했다.

"짐은 매일 밤 백성들이 당면한 문제를 생각하느라 어떤 때는 한밤이 지나도록 잠을 이루지 못하오. 가장 걱정되는 것은 도독都督이나 자사刺史가 백성들을 안무하는 중임을 제대로 감당하지 못할까 하는 것이오. 그들 이름을 방안 병풍에 적어놓고 앉으나 누우나 늘 바라보는 것은 이 때문이오."

천하는 넓고 할 일은 많은 법이다. 황제의 수족 역할을 하는 지방장관인 도독과 자사 등이 헌신적으로 일해야만 수성에 성공할 수 있음을 당태종은 알고 있던 것이다.

스스로를 늘 채찍질하라

자강계

●

自强計

위험에 미리 대비하라

아무리 뛰어난 인물일지라도 남에게 칭송을 들으면 우쭐해지기 마련이다. 남 앞에서 자신을 과시하고자 하는 벌심(伐心)이 작동하기 때문이다. 일이 잘 풀릴 때 사람들은 교만해진다. 이는 원초적인 본능에 가까워 스스로 통제하기가 쉽지 않다. 모든 일이 자신이 잘났기에 술술 풀리는 것으로 착각하는 것은 실패를 예고하는 적신호다. 《정관정요》〈신종〉에 이를 경계하는 일화가 나온다.

정관 5년(631), 당태종이 좌우 시신에게 말했다.

"예로부터 나라가 평안하면 반드시 외부의 침입이 있었소. 지금 안팎이 모두 안녕하오. 실로 대신들이 잘 보좌한 덕분이오. 그러나 평안할 때 위험을 잊지 말고, 잘 다스려질 때 화란을 잊지 말아야 하오. 이같이 하는 것이야말로 가장 귀하게 여길 만한 일이오."

위징이 화답했다.

"예로부터 원수元首와 고굉이 완전무결할 수는 없었습니다. 때에 따라 군주는 성군인데 신하가 어질지 못하거나, 어진 신하는 있는데 성군이 없는 경우 등이 그렇습니다. 지금 비록 천하가 태평하다고는 하나 신들로서는 여전히 기뻐하며 안심할 수만도 없는 상황입니다. 오직 폐하가 평안할 때 위란을 생각하고, 부단히 스스로를 채찍질하며 노력하기를 바랄 뿐입니다."

평안할 때도 미구에 위험과 곤란이 닥칠 것을 생각해 미리 대비해야 한다. 앞서 언급했듯이《정관정요》는 이를 '거안사위'로 표현했다. 당태종은 재위 기간 내내 거안사위의 자세를 견지했다.

정관 9년(635), 북부 변경의 돌궐에 사자로 갔다 온 자가 상주했다.

"돌궐 일대에 폭설이 내리자 사람들이 먹을 것이 없어 소나 양과 함께 모두 죽었습니다. 그곳의 중원 사람들 모두 산속으로 달아나 도적이 됐고 인심이 매우 흉흉합니다."

당태종이 말했다.

"대신들 모두 목도한 것처럼 돌궐의 신임을 받는 사람 가운데 대략 충정忠正한 인재가 없소. 힐리가한 역시 백성을 안중에 두지 않고 내키는 대로 일을 행하고 있소. 짐이 이런 점 등에 비춰 짐작컨대 그런 나라가 어찌 오래 갈 수 있겠소!"

위징이 진언했다.

"힐리가한은 수나라 말기 중원이 크게 혼란스러웠을 때 자주 침입해왔고, 지금도 그러한 행보를 멈추지 않고 있습니다. 그들은 반드시 패망할 조짐입니다."

실제로 힐리가한은 이내 패망하고 말았다. 절정에 달한 군주는 매우 위험하다. 기고만장해진 탓이다. 이때는 주변에서 간하기도 쉽지 않다. 결국 관건은 군주 스스로 겸양하는 자세를 지니는 데 있다.

정관 12년(638), 당태종이 좌우 시신에게 말했다.

"짐은 책을 통해 역대 제왕이 행한 업적을 볼 때마다 이를 좇아 행하려고 부단히 노력하고 조금도 게으르지 않았소. 짐이 임용한 그대들은 실로 현량한 대신들이라고 생각하오. 그럼에도 치국의 수준이 삼황오제 때에 미치지 못하는 것은 무슨 까닭이오?"

위징이 대답했다.

"예로부터 창업하여 보위에 오를 때는 최선을 다해 나라를 잘 다스리고자 노력하지만 안락하게 되면 이내 교만하고 방탕해집니다. 신하 또한 처음에는 보필에 애를 쓰지만 부귀해지면 이내 관작을 구차하게 보전하려드는 까닭에 충절을 다할 수 없습니다. 군신 모두 언제나 게으르지 않고, 시종 소임을 다하면 천하가 잘 다스려질까 걱정하지 않아도 자연히 옛 성왕을 뛰어넘을 수 있습니다."

당태종이 말했다.

"실로 그대가 말한 바와 같소."

군주가 겸양하지 않으면 그 누구도 역린을 거스르며 간하려 들지 않을 것이다. 이런 일이 누적되면 결국 군주 주변에는 아첨하는 자들만 들끓게 된다. 이는 패망의 길이다. 당태종이 '늘 겸손하고 공경하는 자세로 천하에 임하면서 천심과 민의에 부합하지 못할까 두려워하고 있다'고 토로한 이유다.

《주역》과 자강불식

군주의 겸양은 부단히 스스로를 채찍질하며 정진하는 자세에서 비롯된다. 《주역》은 이를 '자강불식'으로 표현했다. 자강불식은 천하만물이 쉼 없이 변하기 때문에 불가피하다. 《주역》이 역설하는 변역變易의 요체는 시변時變에 부응하는 자강불식에 있다. 반대로 하늘을 원망하거나 남을 탓하는 것은 자강불식에 어긋나는 행위다.

그 대표적인 예로 항우를 들 수 있다. 그는 해하의 결전에서 유방에게 대패한 뒤 오강烏江에 이르러 끝내 도강을 포기한 채 하늘을 원망하다가 자진하고 말았다. 당시 그가 오강을 건너 권토중래했다면 아직 천하가 누구의 수중에 떨어질지는 모를 일이었다. 그러나 그는 겨우 이같이 말했을 뿐이다.

"나는 강동江東의 자제 8,000명과 함께 강을 건너 서쪽으로 왔으나 지금 한 사람도 돌아오지 못했으니 설사 강동의 부형들이 나를 가련히 여겨 용서해준다 한들 무슨 면목으로 그들을 보겠는가? 그들이 비록 말을 안 한다 해도 내 어찌 부끄럽게 여기지 않겠는가?"

항우는 사람 볼 면목이 없다는 한낱 개인 차원의 수치심을 이유로 대업을 포기하고 만 것이다. 그의 이런 모습에서는 한때 '역발산기개세力拔山氣蓋世'로 천하를 호령했던 영웅의 모습은 전혀 찾을 길이 없다. 이러한 모습은 그가 남긴 마지막 유언에 더욱 극명하게 드러난다.

"이는 하늘이 나를 멸망시키려는 것이지 내가 결코 싸움에 약했기 때문이 아니다!"

항우는 권토중래는커녕 자진을 선택한 마당에 마지막까지도 개인 차원의 소심하기 짝이 없는 자존심을 지키기 위해 하늘을 원망하는 모습밖에 보이지 못했다. 이를 두고 한신韓信은 유방 앞에서 그를 비판했다.

"항우의 인용仁勇은 한낱 부인지인婦人之仁과 필부지용匹夫之勇에 지나지 않았습니다."

사마천도 《사기》〈항우본기〉 말미의 사평에서 그를 질타했다.

"한낱 자신의 지혜만 믿고 힘으로써 천하를 경영하려다가 겨우 5년 만에 나라를 망치고 죽게 된 마당에 스스로의 잘못을 깨닫지 못하고 하늘이 자신을 버렸다고 원망한 것은 큰 잘못이다."

사마천의 지적대로 항우는 스스로 자만에 빠져 최선을 다하지 못한 점을 조금도 반성하지 않았다. 천명은 승자의 것이라는 사실은 만고의 진리다. 《주역》이 하나같이 난관에 봉착했을 때, 그 원인을 자신에게서 찾을 것을 주문하고 있는 것도 바로 이 때문이다.

당태종 역시 자강불식의 이치를 통찰하고 있었다. 여기에는 위징의 공이 컸다. 정관 11년(637), 위징이 당태종의 자강불식을 촉구하는 상소를 올렸다.

"군자와 소인이 뒤섞이고 시비가 뒤엉키는 일이 없도록 하려면 반드시 덕행으로 사람들을 다독이고, 인의로 격려하고, 예절로 절제하도록 만들어야 합니다. 연후에 선인과 선사善事를 좋아하며 악인과 악사惡事를 싫어하고, 상벌을 분명히 해야 합니다. 이같이 하면 소인은 간사한 짓을 끊고 군자는 자강불식하게 됩니다. 억지로 다스리려 하지 않아도 천하가 절로 다스려지는 일이 어찌 멀리 있는 일이겠습니까?"

당태종이 감탄을 금치 못했다.

"그대를 만나지 못했다면 이처럼 훌륭한 말을 어찌 들었겠소!"

위징이 군자와 소인을 대비시키며 당태종에게 자강불식을 주문한 것은 자강불식이야말로 수성의 요체라는 사실을 상기시키고자 한 것이다. 아무리 득천하에 성공할지라도 자강불식이 뒤따르지 않으면 치천하에 실패해 그동안 쌓은 공이 모두 수포로 돌아가고 만다.

《논어》와 자강불식

자강불식은 《주역》뿐만 아니라 《논어》를 관통하는 핵심어이기도 하다. 《논어》〈안연〉은 이를 '극기복례克己復禮'로 표현했다.

하루는 안연이 공자에게 '인仁'에 관해 묻자 이렇게 대답했다.

"실로 극기복례야말로 인을 이루는 첩경이다. 하루만이라도 극기복례하면 천하가 인으로 돌아갈 수 있다. 이는 오로지 자신에게서 비롯되는 것일진데, 어찌 다른 사람에게서 비롯될 수 있겠는가?"

"자세한 사항을 묻고자 합니다."

"예가 아니면 보지 않고, 예가 아니면 듣지 않고, 예가 아니면 말하지 않고, 예가 아니면 움직이지 않는 게 그것이다."

예를 통해 절도를 지키라고 주문한 것이다. 여기서 '예'는 끊임없이 스스로를 채찍질하는 것을 뜻한다. '극기'는 형이상학적인 개념이 아니라 말 그대로 스스로를 절제하는 자극自克을 말한다. '복례'는 어짊으로 돌아가는 복인復仁을 뜻한다. 공자가 말하는 '인'의 핵심 요소 중 하나가 '예'다. 맹자가 인의仁義를 강조한 이래 마치 '의'가 '인'의 핵심 요소인 것처럼 여겨지고 있으나 사실은 '예'가 '인'을 이루는 구체적인 방안이다.

공자가 〈안연〉에서 극기복례를 언급한 것은 위정자의 자기 절제를 통한 치천하를 강조하기 위한 것이다. 《주역》의 핵심어인 자강불식을 달리 표현한 것이기도 하다. 정관지치는 바로 극기복례로 표현된 자강불식의 이치를 터득했기에 가능했다.

역사 이래 자강불식에 성공하지 못하고도 오래 간 왕조는 없었다. 기업이라고 다를 리 없다.

《사기》를 관통하는 핵심어는 '대의멸친'이다.
이는 국가 또는 기업 등 공동체의 이익인 대의를 위해
개인의 사사로운 이익을 과감히 떨쳐버리는 것을 말한다.
최고의 사서인 《춘추좌전》의 핵심어 역시 대의멸친이다.
이를 통상 '춘추대의'라고 한다. 춘추대의의 완성은
득인과 용인 즉, 사람 경영에 달려 있다.

II

史記

《사기》에서 배우는
사람 경영

《사기》는 전설적인 삼황오제 가운데 오제五帝 때부터 시작해 한무제 시대에 이르기까지 중국의 전 역사를 하나로 꿴 최초의 통사通史다. 당초 태사령太史令으로 있던 사마천은 흉노를 정벌하러 떠났던 장군 이릉李陵을 변호하다가 한무제의 노여움을 사 천한 4년(기원전 97년)인, 그의 나이 49세 때 궁형宮刑을 받게 된다. 당시 사람들은 남성의 기능을 제거하는 궁형을 죽음만도 못한 형벌로 여겼다. 궁형을 당한 후 사마천은 친구 임안에게 보낸 〈보임안서〉에서 죽음보다 못한 치욕을 감수하게 된 배경을 다음과 같이 설명했다.

"인간은 언젠가 죽기 마련이다. 하지만 사람에 따라 태산보다 무겁게 죽기도 하고, 기러기의 털보다 가볍게 죽기도 한다. 인생관이 서로 다른 탓이다."

《사기》의 저술을 마무리 짓기 위해 '태산보다 무겁게 죽는 길'을 택했다는 뜻이었다. 후대인들이 《사기》를 두고 부친의 유한遺恨과 사마천 자신의 통한痛恨을 하나로 녹여 사가의 진면목을 드러낸 천고의 역저로 평하는 이유가 여기에 있다. 현실의 아픔을 바탕 삼아 위대한 작품으로 탄생시킨 그의 놀라운 정신력에 찬사를 보내는 것이다.

《사기》를 관통하는 핵심어는 '대의멸친大義滅親'이다. 이는 국가 또는 기업 등 공동체의 이익인 대의를 위해 개인의 사사로운 이익을 과감히 떨쳐버리는 것을 말한다. 《사기》에 앞서 나온 최고最古의 사서인 《춘추좌전》의 핵심어 역시 대의멸친이다. 이를 통상 '춘추대의春秋大義'라고 한다. 《사기》 및 《춘추좌전》과 더불어 중국의 전 역사를 통틀어 가장 위대한 '3대 사서'로 꼽히는 사마광의 《자치통감》 역시 춘추대의에 입각해 저술된 것이다.

춘추대의의 완성은 득인得人과 용인用人 즉, 사람 경영에 달려 있다. 《사기》의

〈본기〉, 〈세가〉, 〈열전〉을 통틀어 '난세 리더십' 연구에 도움이 될 만한 대표적인 인물 12명을 가려 그들의 리더십을 집중 조명한 이유다. 이들의 파란만장한 삶 속에는 난세 때 등장할 수 있는 온갖 종류의 계책이 난무한다. 이들의 말과 행동 등을 살펴보면 난세 리더십의 핵심과 이치를 쉽게 파악할 수 있다. 이들이 보여 준 다양한 유형의 난세 리더십을 21세기 G2시대에 구체적으로 어떻게 적용할 것 인가 하는 문제는 전적으로 우리의 몫이다.

호리지성을 활용하라

관자의 호리계

●

好利計

이익을 추구하는 본성

관자管子가 지금의 정치경제학파에 해당하는 이른바 상가商家의 효시가 된 것은 성악설에 입각해 인간의 본성을 통찰한 덕분이다. 관자와 달리 맹자는 인간의 본성을 인의예지仁義禮智의 덕목으로 발현되는 선한 심성의 단서端緒에서 찾았다. '인'의 단서가 되는 측은지심惻隱之心과 '의'의 단서가 되는 수오지심羞惡之心, '예'의 단서가 되는 사양지심辭讓之心, '지'의 단서가 되는 시비지심是非之心 등이 그것이다. 그가 인간의 본성은 원래 선하다는 식의 이른바 성선설을 주장한 이유다. 이를 정면으로 비판한 사람은 맹자보다 1세대 뒤에 활약한 순자가 아니라 바로 순자의 제자인 한비자였다.

한비자가 주목한 것은 난세에 나타나는 인간의 이기적인 자화상이었다. 그는 부모 자식은 물론 부부조차도 이해관계의 틀에서 벗어날 수 없다고 보았다.

"어머니가 태후가 되고 자식이 군주가 되어 명을 내리면 실행되지 않는 게 없고, 금령을 내리면 그쳐지지 않는 게 없고, 남녀 간의 환락도 선왕 때보다 줄지 않고, 만승의 대국을 마음대로 하는 것을 서슴지 않는다. 이것이 군주를 짐주鴆酒로 독살하거나 은밀하게 목을 졸라 죽이거나 목을 베려는 까닭이다. 초나라 역사서인 《도올춘추檮杌春秋》에서 말하기를 '군주가 병으로 죽는 경우는 절반도 안 된다'고 했다. 군주가 이를 알지 못하면 환난이 일어날 소지가 많아진다. 군주의 죽음으로 이익을 얻는 사람이 많을수록 군주가 위험해지는 이유다(《한비자》〈비내〉)."

한비자가 맹자와 달리 인간의 본성을 이익을 향해 무한질주하는 이른바 '호리지성'에서 찾은 이유다. 호리지성을 인성으로 파악한 한비자는 이를 치국평천하 논리에 그대로 적용했다.

"이익이 있는 곳에 백성이 모여들고, 명성이 빛나는 곳에 선비들이 목숨을 버린다. 그러나 세운 공이 법에 어긋나는데도 상을 주면 군주는 아랫사람에게서 이익을 거둘 수 없다. 명성이 법에 어긋나는데도 명성을 안겨주면 선비는 이런 명성에 고무된 나머지 군주의 통제를 받지 않으려 든다(《한비자》〈외저설 좌상〉)."

난세의 시기에는 이해관계로 얽혀 있는 인간관계의 속살이 여과 없이 드러난다. 부부는 말할 것도 없고 피를 나눈 부모 자식 관계도 이해문제가 얽히게 되면 가공할 만한 반윤리적인 사건으로 진행되는 이유도 바로 호리지성 때문이다.

"민정民情은 이승을 좋아하고 저승을 싫어하는 호생오사好生惡死와 이익을 좋아하고 손해를 싫어하는 호리오해好利惡害의 본성에서 벗어난 적이 없다. 군주가 백성을 살리고 이롭게 하는 것을 명하면 행해지고, 백성을 죽이고 손해를 끼치는 것을 금하면 중지되는 이유다. 그러기 위해서는 반드시 백성이 그 정령을 즐겁게 받아들이도록 만들어야 한다. 그래야 정령이 제대로 집행된다《관자》〈형세해〉)."

춘추시대 제나라의 재상 관중은 이 대목에서 인민의 '호생오사'와 '호리오해' 경향을 치국평천하에 적극 활용할 것을 주문했다.

명성을 중시하는 본성

관자와 한비자가 말한 '호리지성'은 성악설의 골자에 해당한다. 이익이 있는 곳에 예외 없이 사람들이 모여드는 보편적인 현상에 주목한 결과다. 이런 현상은 난세에 극명하게 나타난다.

"희희낙락한 것은 모두 이익을 위해 모여들기 때문이고, 흙먼지가 일 정도로 천하가 소란스러운 것은 모두 이익을 찾아 떠나기 때문이다. 조나라와 정나라 땅의 미인들은 자신의 얼굴을 아름답게 꾸미고 긴 소매를 나부끼며 경쾌한 발놀림으로 춤을 추어 보는 이들의 눈과 마음을 설레게 한다. 그들이 천리 길을 마다하지 않고 달려가는 것은 부를 좇아 물불 가리지 않고 내달리는 것과 같다(《사기》〈화식열전〉)."

이는 《한비자》〈설림 하〉에 나오는 비유와 맥을 같이한다.

"뱀장어는 뱀과 닮았고, 누에는 뽕나무벌레와 닮았다. 사람들은 뱀을 보면 놀라고, 뽕나무벌레를 보면 소름이 돋는다. 그런데도 어부들은 손으로 뱀장어를 잡고, 부녀자들은 누에를 친다. 이익이 있으면 모두 맹분孟賁이나 전제專諸처럼 용감해진다."

여기서 말하는 '맹분'은 늘 하육夏育과 함께 거론되는 상고시대의 전설적인 용사며 '전제'는 《사기》〈자객열전〉에 나오는 대표적인 자객으로 오자서의 사주를 받고 기원전 515년 오나라의 왕 요僚를 척살한 장본인이다. 덕분에 요의 사촌형인 공자 광光이 보위에 올랐는데 그가 바로 춘추시대 마지막 패자霸者로 활약한 합려闔閭다.

주목할 것은 한비자가 인간의 본성에 해당하는 호리지성 이외에도 명성을 중시하는 인간의 성향을 본성에 가까운 심성으로 파악했다는 점이다. 그것이 바로 '호명지심'이다. 맹자가 '인성人性'을 논하는 것에 그친 반면 군집생활을 영위하는 인간의 특이한 동향인 '민성民性'을 언급한 것이다. 호리지성은 인간 개개인이 생명을 지니고 태어난 이래 도저히 벗어날 길이 없는 인성에, 호명지심은 사회공동체 내지 국가공동체를 영위하는 인간들 사이에서만 나타나는 민성에 해당한다. 인간은 로빈슨 크루스가 아닌 한 사회공동체 내지 국가공동체에 소속되어 삶을 살아가는 까닭에 호리지성과 호명지심을 모두 지니고 있다.

난세에는 호리지성이 적나라하게 드러나는 동시에 호명지심 또한 극렬한 모습으로 나타난다. 무협지에나 나올법한 협객이나 자객이 횡행하는 것만 봐도 그렇다. 의리를 중시하는 까닭에 이들에게는 호리지성보다 호명지심이 훨씬 강하게 작용한다. 어떤 면에서는 광신도의 모습을 보여주는 종교적 신념과도 닮았다.

서양의 마키아벨리Machiavelli 역시 인간의 호리지성과 호명지심을 통찰했다. 《군주론》에서 새로운 질서를 만들고자 하는 군주에게 기득권 세력을 초기에 제압하라고 주문한 것이 그러한 사실을 대변한다. 새로운 질서 아래서는 이익을 얻게 될 사람들이 선뜻 나서지 못하는 것은 바로 기득권 세력이 주도하는 역풍을 두려워하기 때문이라는 게 그의 분석이다. 운명의 여신에 맞서 싸워야 큰 공을 이룰 수 있듯이 새 질서가 자신들에게 커다란 이익을 안겨줄 수 있는데도 머뭇거리는 것은 바로 호리지성 때문이다. 호리지성은 달리 표현하면 해악을 피하고자 하는 이른바 '피해지성避害之性'과도 같은 말이다.

대의를 지킨 우정

관포지교와 대비되는 사귐을 흔히 '오집지교烏集之交'라고 한다. '까마귀들의 사귐'이라는 뜻인데 《관자》에서 이 오집지교를 언급한 것은 나름 의미심장하다. 대다수 사람들의 만남이 관포지교가 아닌 오집지교에 지나지 않는다는 얘기를 하고자 한 것이다. 그리고 이 것 역시 인간의 호리지성과 연관이 있다.

《사기》에 실려 있는 여러 일화 가운데 오집지교의 대표적인 사례로 초한전 당시 진여陳餘와 장이張耳가 보여준 허무하기 짝이 없는 '문경지교刎頸之交'를 들 수 있다. 두 사람은 당초 목이 날아갈지도 모르는 위험한 상황에서도 생사를 함께하자고 할 만큼 깊은 우정을 자랑했다. 그것이 바로 문경지교다. 이 성어는 원래 춘추시대 말기 조나라 장수 염파와 재상 인상여가 보여준 우정을 말한다. 문경지교는 사정私情을 매개로 한 관포지교와 달리 공의公義를 전면에 내세우고 있다. 염파와 인상여 모두 나라를 위해 함께 목숨을 바치기로 약속했기 때문이다. 그 뜻이 숭고한 까닭에 사귐의 정도가 관포지교보다 더하면 더했지 결코 덜하지 않다.

그러나 진여와 장이가 보여준 문경지교는 시간이 흐르자 겉만 번지르르한 오집지교에 지나지 않았다. 서로 간의 이해관계가 대립하는 결정적인 순간에 두 사람은 이내 원수 사이로 돌변했기 때문이다. 모든 선비들이 칭송했던 문경지교가 오집지교보다도 못한 '견원지교犬猿之交'로 전락한 셈이다.

진여와 장이가 보여준 문경지교는 애증愛憎이 같은 뿌리에서 나온 것임을 반증한다. 세상의 모든 이치가 그렇듯 한쪽의 경향이 깊어지면 반대쪽 경향도 깊어질 수밖에 없다. 마치 산이 높으면 계곡 또한 깊어지는 이치와 같다. 진여와 장이는 우정의 강도가 높은 만큼 증오의 강도 또한 클 수밖에 없었다. 의협들의 우정이 바로 이와 같다. 비장한 맛은 있으나 상대적으로 그윽한 맛이 적은 이유다.

이와 달리 관중과 포숙아가 보여준 관포지교는 무부武夫보다는 문사文士의 색채가 짙다. 관중의 '재才'와 포숙아의 '덕德'이 유기적으로 얽혀 있기 때문이다. 만일 관중과 포숙아 모두 재덕을 겸비했다면 결코 관포지교는 만들어지지 않았을 것이다. 오히려 서로의 재덕이 충돌하며 다툼을 벌였을지도 모른다. 이는 삼국시대의 인물들이 만들어낸 다양한 유형의 인간관계를 생각하면 쉽게 이해할 수 있다.

상식적으로 판단할 때 삼국시대 당시 재주가 덕보다 뛰어난 재승덕才勝德의 조조가 만일 덕까지 갖췄을 경우 더 많은 인재들이 그의 휘하에 몰려들었을 것으로 생각하기 쉽다. 그러나 현실은 오히려 정반대로 나타날 공산이 크다. 물이 지나치게 맑으면 고기가 모이지 않듯 재덕을 모두 겸비한 완전무결한 인간에게는 사람이 쉽게 접근하지 않는 법이다.

조조는 재가 덕을 압도한 까닭에 늘 공의公義를 전면에 내세웠다. 사정을 공의 앞에 깨끗이 불태워버린 결과다. 그가 가혹한 군법을 적용한 것도 바로 이 때문이다. 개개인의 사정에 얽매였다가는 천하통일의 대업에 지장이 생길까 우려한 것이다. 물론 조조 역시 필부의 덕과는 비교할 수 없을 정도의 관대한 면을 지니고 있었다. 원소의 무리를 평정했을 때 그의 묘를 찾아가 눈물을 흘리며 추모한 게 그 증거다. 그러나 그는 기본적으로 재가 너무 전면으로 튀어나와 있는 까닭에 덕이 상대적으로 부족해보일 수밖에 없었다. 실제로 가차 없는 가혹한 형률의 적용은 각박한 이미지를 만들기에 충분했다. 조조가 신하들과 맺은 군신지교君臣之交는 관포지교보다는 공의를 전면에 내세운 문경지교에 가까웠다. 이와는 정반대로 '도원결의'가 상징하듯 유비가 제갈량 및 관우, 장비 등과 맺은 군신지교는 공의보다 사정을 앞세운 것이다. 이는 문경지교보다 관포지교에 가까웠다.

가장 바람직한 사귐은 문경지교와 관포지교의 성격을 동시에 띠는 것이나 이는 거의 불가능에 가깝다. 문경지교와 관포지교 자체가 너무나 드물기 때문이다. 하물며 이들 두 가지 사귐을 하나로 녹이는 것은 사실상 어렵다고 보는 게 합리적이다. 마치 마키아벨리가 《군주론》에서 군주가 신민들로부터 존경과 두려움의 대상이 되는 게 가장 바람직하나 난세에는 이것이 불가능한 만큼 하나를 선택할 경우 두려움의 대상이 되는 게 낫다고 조언한 것과 닮았다.

훗날 관중이 죽기 직전 자신의 뒤를 이어 포숙아가 재상이 되는 것을 반대한 것도 이런 맥락에서 이해할 수 있다. 《사기》〈제태공세가〉에 따르면, 당시 제환공은 관중이 병으로 자리에 눕게 되자 매일 문병을 가서 그의 쾌유를 빌었다. 그럼에도 관중의 병은 더욱 깊어만 갔다. 제환공이 마침내 관중의 손을 잡고 물었다.

"불행히도 그대가 다시 일어나지 못한다면 과인은 장차 이 나라 정사를 누구에게 맡겨야 하오?"

관중이 사양했다.

"군주보다 신하들을 더 잘 아는 사람은 없습니다."

제환공이 물었다.

"포숙아는 어떻소?"

관중이 대답했다.

"포숙아는 사람이 매우 정직하기는 하나 그 정도가 지나칩니다. 그런 까닭에 모든 사람을 장악해 통솔하기가 쉽지 않아 나라를 부강하게 만들기 어렵습니다."

개인적인 의리인 소의小義 차원에서 보면 자신의 목숨을 구해주고 재상의 자리까지 천거해준 포숙아를 후임 재상으로 거론할 만했으나 관중은 자신의 소신을 따랐다. 나라의 이익과 앞날을 생각한 대의大義를 앞세운 결과였다.

고금동서의 역사에 비춰볼 때, 흔히 국가공동체나 기업공동체가 안팎의 커다란 어려움에 직면하면 대다수 구성원들은 소의를 앞세우며 보신保身을 꾀하기 마련이다. 인간의 본성인 호리지성에 입각한 선택이므로 이를 크게 탓할 수는 없는 일이다. 그러나 큰일을 하고자 하는 사람은 이때 자신의 입장과 의지를 분명히 할 필요가 있다. 소의보다 대의를 앞세우는 게 관건이다. 세월의 흐름에 그대로 몸을 맡기는 '소인'과 주변 환경의 굴레를 과감히 벗어던지고 자신의 운명을 스스로 개척해나가는 '대인'이 갈리는 길이 바로 이 지점이다. 난세가 도래하면 반드시 대인의 행보를 보이는 의인과 열사가 나오지만 소수에 그치는 이유도 여기에 있다. '대의멸친'을 행하는 게 그만큼 어렵다는 얘기다.

원칙을 지키며 화합하라

안자의 화동계

●

和同計

제나라 부흥을 이끈 안영

안자晏子 안영은 공자와 거의 비슷한 시기에 살았다. 두 사람은 한 번도 조우한 적이 없다. 안영이 지은 것으로 알려진 《안자춘추》에 는 공자와 안영에 관한 일화가 여섯 번 나온다. 여기서는 공자가 안영에게 누차 굴복당하는 것으로 묘사되어 있다. 사마천의 안영에 대한 평도 비슷한 맥락이다. 안영을 춘추전국시대에 등장한 여러 재상 가운데 최고의 인물로 평한 것도 그러한 이유 때문이다.

《춘추좌전》에 따르면 기원전 552년, 진晉나라에 내분이 일어났 다. 권력 다툼에서 패한 난씨欒氏의 일족인 난영欒盈이 초나라로 망 명했다가 이듬해 가을 다시 제나라로 건너왔다. 이 소식을 들은 제장공齊莊公이 크게 기뻐하자 안영이 간했다.

"우리는 진나라와 결맹하고 있습니다. 신의를 잃으면 자립할 수 없습니다. 그런데 난씨를 받아들여 장차 어디에 쓰려는 것입니까?"

제장공이 크게 웃었다.

"우리 제나라는 진나라와 필적할 만한 나라요. 그러니 우리가 그들보다 약하다고 말할 수는 없는 일이오. 과인이 어찌 진나라를 섬길 수 있겠소?"

제장공은 내심 난영을 이용해 진나라를 친 뒤 중원의 패권을 차지할 속셈이었다. 제장공의 이런 야심을 무턱대고 탓할 수는 없다. 문제는 실력이었다. 객관적으로 볼 때 제나라는 여러 모로 진나라와 비교가 되지 않았다. 그러나 제장공은 이를 무시했다. 결국 제장공의 지원을 믿고 진나라의 곡옥曲沃에서 반기를 든 난영 일당이 패주하자 제장공은 오히려 진나라의 침공을 걱정해야 하는 신세가 됐다. 게다가 그는 기원전 548년 5월, 대부 최저崔杼의 아내와 사통하다가 횡사하고 말았다.

최저가 제장공을 자신의 집으로 유인해 살해하는 비상상황이 빚어졌을 때 제나라 대부들은 두려운 나머지 두문불출한 채 조정에서 명이 내려지기만을 기다렸다. 제장공의 시신이 최저의 집에 방치되어 있는데도 아무도 가볼 생각을 하지 않았다. 이때 유일하게 안영은 변란 소식을 듣자마자 곧바로 최저의 집으로 달려갔다. 이어 시신의 허벅지 위에 이마를 대고 호곡하고 군주가 죽었을 때 세 번 펄쩍 뛰어오르는 조문 의식인 삼용三踊을 행한 뒤 물러났다. 신하가 나아가야 할 길인 신도臣道가 어떤 것인지 명확히 보여준 셈이다. 기개와 소신이 있기에 가능한 일이었다.

기원전 522년 겨울, 제경공齊景公이 학질에 걸린 지 1년이 지나도록 낫지 않자 대부 양구거梁丘據가 건의했다.

"군주의 병환이 제후들의 근심이 되고 있으니 이는 제사를 주관하는 관원인 축사祝史의 죄입니다. 제후들은 정황도 모른 채 우리가 귀신에게 불경스럽게 대했기 때문이라고 생각하고 있습니다. 어찌하여 축사를 처형하지 않는 것입니까?"

제경공이 이를 안영에게 말하자 안영이 만류했다.

"전에 초나라 대부 굴건屈建이 진晉나라 대부 조무趙武에게 진秦나라로 망명한 사회士會라는 인물의 덕에 관해 물었습니다. 그때 조무가 말하기를 '사회는 충성을 다해 일할 뿐 사사로운 마음이 전혀 없는 사람입니다. 그의 집에 있는 축사는 귀신에게 특별히 빌 것이 없습니다'라고 했습니다."

제경공이 물었다.

"양구거는 과인이 귀신을 잘 섬긴다고 했소. 그래서 귀신을 제대로 섬기지 못한 축사를 주살하려는 것이오."

안영이 대답했다.

"만일 덕행이 있는 군주를 만나면 상하가 서로 원망치 않고, 행동에 어긋나는 일이 없으며, 그의 축사가 귀신에게 진실을 고하게 됩니다. 귀신이 그 제사를 받음으로써 나라는 복을 받게 되고, 축사도 복을 받는 일에 참여하게 됩니다. 그러나 황음무도한 군주를 만나면 상하가 서로 원망하며 사욕을 마음껏 채우게 됩니다. 이때 축사가 귀신에게 진실을 고하면 이는 군주의 죄과를 고하는 셈이고 그렇다고 잘못을 덮어두고 좋은 일만 고한다면 이는 거짓을 고하는 셈이 됩니다. 귀신은 그 제사를 받지 않음으로써 나라는 재앙을 입고, 축사 또한 그 피해를 입게 됩니다(《춘추좌전》〈노소공 20년〉)."

제경공이 크게 놀라 곧바로 좌우에 명하여 너그러운 정사를 폈다. 도성 부근의 관문을 헐고, 금령을 폐지하고, 세금을 감경하고, 채무를 탕감하도록 했다. 제나라가 중흥을 이루게 된 배경이 바로 여기에 있다.

화이부동

기원전 522년 12월, 제경공이 사냥에서 돌아오자 대부 양구거가 급히 수레를 몰고 와서 알현했다. 이에 제경공이 크게 기뻐했다.

"오직 그대만이 과인과 마음이 맞소."

양구거가 물러난 뒤 곁에 있던 안영이 반박했다.

"그는 군주의 비위를 맞추는 사람일 뿐입니다. 그가 어찌 군주의 마음과 맞는 사람이겠습니까?"

제경공이 물었다.

"마음이 맞는 것과 비위를 맞추는 것은 어떻게 다르오?"

안영이 대답했다.

"우선 화합을 이루는 '화和'는 마치 국을 만드는 것과 같습니다. 우선 땔나무를 이용해 물을 끓입니다. 거기에 생선이나 고기 등의 재료를 넣고 이어 소금과 젓갈, 매실 등의 양념으로 간을 맞춥니다. 맛이 부족한 듯하면 양념을 더하고 지나치면 덜어냅니다. 이에 윗 사람이 그 국을 먹으면 마음이 평온해집니다. 군신지간도 이와 같 습니다. 지금 양구거는 군주가 가하다고 하면 그 또한 가하다고 하 고, 불가하다고 하면 그 또한 불가하다고 합니다. 만일 맹물을 이용 해 맹물의 간을 맞추려 하면 누가 이를 마실 수 있겠습니까? 비위 를 맞추는 '동同'이 도리에 맞지 않은 것은 바로 이와 같습니다."

안영은 《논어》에서 군자의 덕목으로 언급한 이른바 '화이부동和而 不同'을 설명한 셈이다. 《논어》〈자로〉에서 공자는 동일한 취지로 다 음과 같이 말했다.

"군자는 조화를 이루되 편당을 짓지 않는 화이부동을 행하고, 소 인은 편당을 지으면서 조화를 이루지 못하는 동이불화同而不和를 행 한다."

《춘추좌전》에 나오는 안영의 '화여동이和與同異' 역시 《공자》〈자 로〉에 나오는 공자의 화이부동과 그 취지 면에서 완전히 일치한다.

애민

기원전 539년, 제경공이 안영을 위해 집을 새로 지어주었다. 진晉나라에 사자로 갔던 안영이 귀국했을 때 집은 이미 완성되어 그의 이웃들도 함께 거처를 옮기려 하고 있었다.

제경공이 안영에게 권했다.

"그대의 집은 시장에서 가깝고, 저습하고 협소하며, 시끄럽고 먼지가 많으니 살기에 좋지 않소. 쾌적하고 통풍이 잘되는 높은 지대에 새로 지은 집에서 살도록 하오."

그러나 안영이 사양했다.

"그곳은 저의 선조가 살던 곳으로 신에게는 이미 사치스러운 곳입니다. 신은 시장에 가까이 살면서 조석으로 필요한 것을 쉽게 구할 수 있으니 이는 신에게 크게 이롭습니다. 그런데 어찌 감히 이웃들을 번거롭게 하겠습니까?"

제경공이 웃으면서 물었다.

"그대가 시장 가까이 사는 것이 편하다고 하니 그렇다면 과연 시장의 물건들 값이 얼마나 하는지 알고 있소?"

"이미 그로 인해 이로움이 있는데 어찌 모를 리 있겠습니까?"

"그렇다면 무엇이 비싸고 무엇이 싼 것이오?"

"의족은 비싸고 일반 신발은 쌉니다."

당시 제경공은 죄인에게 있어 월형刖刑을 남용했다. 월형은 왼쪽 발뒤꿈치를 끊는 형벌이다. 의족의 일종인 '용踊'을 파는 사람이 매우 많았던 이유다. 제경공은 안영의 말을 듣고 크게 놀라 형벌을 줄였다. 안영은 곧 본래 살던 집의 이웃들을 불러 모은 뒤 말했다.

"속담에 이르기를 '집의 호오好惡를 점치는 것이 아니라 오직 이웃의 호오를 점친다'고 했소. 여기 몇 분은 이미 이웃의 호오를 점친 뒤 내 이웃으로 살아 왔소. 그런데 내가 새로 집을 지어 여러분의 기대를 어긋나게 하는 것은 매우 상서롭지 못한 일이오."

그러고는 모든 것을 이전과 똑같이 복구해놓은 뒤 이웃들로 하여금 원래 살던 곳에 들어가 살게 했다. 이웃들의 기대를 저버릴 수 없어 새 집을 허문 사람이 바로 안영이다.

안영은 관중 사후 백 년 뒤에 태어나 제경공을 도와 제나라의 중흥을 이끌었다. 제영공齊靈公과 제장공, 제경공 등 3대 군주를 섬기면서 근면한 정사로 백성들의 신망이 두터웠다. 한 가지 갖옷을 30년 동안 입어 이른바 '안자구晏子裘' 또는 '안구晏裘'의 성어를 만들어낸 것만 봐도 자신에게 늘 엄격하고 절약과 검소의 생활을 몸소 실천한 사람이라는 것을 알 수 있다. 그의 《안자춘추》는 후대인의 위작이라는 게 정설이나 안자의 사적에 관한 여러 진실을 담고 있는 것 또한 사실이다.

안영의 죽음은 제경공보다 10년 앞섰다. 안영이 사망한 기원전 500년은 춘추시대가 전국시대로 이행하는 과도기인 이른바 오월시대吳越時代의 개막을 알린 매우 중요한 해였다. 이때 '만세의 사표師表' 공자가 일반 선비에서 대부大夫로 승진해 본격적으로 노나라의 정무에 참여하기 시작했다. 안영의 죽음과 공자의 본격적인 역사 무대 등장은 약육강식의 전국시대 도래를 알리는 서곡이었다.

성공할 때까지 인내하라

문공의 인욕계

●

忍辱計

후계자 선정과 혼란

＼

진문공晉文公 중이重耳는 제환공에 이어 사상 두 번째로 패업을 이룬 인물이다. 진문공은 보위에 오르기 직전 무려 19년 동안 망명생활을 한 것으로 유명하다. 진晉나라가 그의 즉위를 계기로 춘추시대 말까지 오랫동안 중원의 패권국으로 군림하게 된 것도 그의 이런 행보와 무관치 않다.

당초 진문공의 부친인 진헌공晉獻公은 공자 시절 가賈나라에서 정실부인을 맞이했으나 불행히도 둘 사이에는 아들이 없었다. 이때 그는 부친인 진무공의 애첩인 제강齊姜과 은밀히 사통해 아들 신생申生과 훗날 진목공의 부인이 된 진목희秦穆姬을 낳았다. 진헌공은 즉위 직후 제강을 정실로 삼으면서 신생도 궁 안으로 불러들여 태자로 삼았다. 이때 원래의 정실인 가희賈姬는 이미 죽고 없었다.

이에 앞서 진헌공은 신생을 얻기 전 이미 융국戎國의 두 여인을 첩으로 맞아 두 아들을 두고 있었다. 대융大戎 출신 호희狐姬가 낳은 아들이 바로 진문공 중이다. 소융小戎 출신 여인도 이에 앞서 이오夷吾를 낳았다. 이오는 중이에 앞서 보위에 올랐다가 이내 인심을 잃어 그의 아들 진회공晉懷公과 더불어 비명에 횡사하는 불운의 주인공인 진혜공晉惠公이다. 중이는 신생보다 나이가 3살이나 많았고, 이오는 중이보다도 나이가 더 많았다.

중이가 어렸을 때 진헌공은 다시 군사를 일으켜 지금의 섬서 임동현 동쪽에 살던 여융驪戎을 쳤다. 융족의 일종인 여융은 남작 작위를 받고 진나라 부근에 둥지를 튼 소국이었다. 여융의 군주는 두 딸을 바치며 강화를 청했다. 장녀의 이름은 여희驪姬, 차녀는 소희小姬였다. 이 중 여희는 미인이었는데, 사서에는 진헌공이 여희를 총애한 나머지 그녀의 말을 모두 들어주었다고 기록하고 있다.

여희 소생은 해제奚齊고, 소희 소생은 탁자卓子다. 여희는 이내 자신의 소생을 후계자로 세우고자 했다. 그녀는 먼저 진헌공을 졸라 정실이 되었고 기원전 666년, 모함을 꾸며내어 태자 신생을 자진하게 만들었다. 중이와 이오 등 나머지 공자들 역시 변경으로 쫓겨났다. 도성인 강도絳都에는 여희 소생 해제와 소희 소생 탁자만 남게 됐다. 그녀의 바람대로 해제가 새로운 태자가 됐다.

기원전 655년 1월, 진헌공이 군주를 곁에서 돕는 시인寺人 발제에게 명하여 군사를 이끌고 가서 포 땅의 중이를 치게 했다.

대부 호돌狐突이 둘째 아들 호언狐偃을 불렀다.

"태자가 세상을 떠났으니 응당 중이가 보위에 올라야 한다. 지금은 상황이 여의치 않으니 우선 형 호모狐毛와 함께 공자 중이를 도와 망명토록 해라."

중이가 두 형제로부터 연락을 받고 떠나려는데 마침 발제의 군사가 성 밖에 당도했다. 중이가 담을 넘는 순간 발제가 칼로 내리쳤으나 간발의 차이로 옷소매만 잘렸다. 호언이 중이에게 건의했다.

"제나라와 초나라로 가는 길은 매우 멀고 험합니다. 차라리 적인狄人의 땅으로 가느니만 못합니다."

중이가 이를 좇았다. 얼마 후 조최趙衰를 비롯해 위주魏犨와 호역고狐射姑, 전힐顚頡, 개자추介子推, 선진先軫 등의 대부들이 수레를 몰고 척 땅으로 왔다. 조최가 말했다.

"공자가 관후하다는 사실을 알고 장차 공자를 모시기 위해 고국을 떠나왔습니다."

중이가 감격해하며 말했다.

"우린 형제나 다름없소. 내 어찌 그대들 은덕을 잊을 수 있겠소!"

이를 계기로 중이 일행은 무려 19년에 걸친 망명 길에 오르게 됐다. 중이가 망명한 해인 기원전 655년 9월, 진헌공이 곽虢나라 토벌에 들어간 지 세 달 만에 곽나라를 손에 넣었다. 이때 길을 빌려준 우虞나라까지 병탄했다. 여기서 나온 성어가 바로 '가도멸괵假道滅虢'과 '순망치한脣亡齒寒'이다. 진헌공은 여색으로 인한 문제만 없었다면 명군으로 명성을 떨칠 만한 인물이었다.

이로부터 4년 뒤인 기원전 651년 여름, 진헌공이 세상을 떠났다. 대부 순식荀息이 진헌공의 유언을 좇아 여희의 소생 해제를 상주로 모셨다. 해제의 나이는 겨우 11살이었다. 이때 대부 이극里克이 역사를 동원해 해제를 척살했다. 여희의 생질 탁자가 그 뒤를 이어 상주가 됐지만 그 역시 곧바로 척살됐다. 대부 순식은 역사들과 싸우다 죽고, 여희는 후원의 연못에 몸을 던졌다. 이극이 곧 사람을 적인의 땅으로 보내 공자 중이에게 이를 보고했다. 중이가 호언을 불렀다.

"이극이 나를 옹립하고자 하오."

"선공이 죽었는데 애도도 하지 않고 오히려 나라를 취하고자 하는 것은 도리에 어긋납니다."

"내란이 일어나지 않았다면 누가 나를 영접하고자 했겠소?"

"부모가 죽는 것이 대상大喪이고, 형제 간 싸우는 소리가 담장 밖으로 넘어가는 것이 대란大亂입니다. 지금 일거에 대상대란이 일어났는데, 이를 틈 타 보위에 올라서는 안 됩니다."

중이가 이를 좇았다. 이극이 다시 사람을 양梁나라에 망명 중인 이오에게 보냈다. 이오는 이미 양나라 군주의 딸과 결혼해 아들까지 하나 두고 있었다. 이오가 제의를 받아들였다. 이오를 옹립하기 위해 제후들이 군사를 이끌고 고량高粱에 모였다. 제환공은 대부 습붕隰朋에게 군사를 이끌고 가서 진秦나라 및 왕실의 군사와 합세할 것을 명했다.

기원전 651년 11월, 공자 이오가 즉위했다. 진헌공이 숨을 거둔지 겨우 두 달만의 일이었다. 진혜공 이오는 왕실을 포함해 중원의 패자인 제환공과 서쪽에서 막강한 세력을 구축한 진목공秦穆公 등으로부터 고루 승인을 얻어 보위에 오를 수 있었다.

진혜공과 진회공의 패망

당초 진목공이 이오를 택한 것은 이오가 땅을 떼어주기로 약속했기 때문이다. 이오는 이극을 포함한 진나라 대부들에게도 이와 비슷한 약속을 했다. 이들이 하나로 뭉쳐 이오의 즉위를 도운 이유다. 주왕실과 제환공은 명분을 중시한 까닭에 이런 약속과는 무관했다. 이오가 주왕실과 제환공에게는 땅을 떼어준다는 약속을 하지 않은 이유이기도 하다.

그러나 진혜공 이오는 즉위 후 자신의 약속을 지키지 않았다. 가장 치명적인 것은 진목공과의 약속을 어긴 것이다. 기원전 645년 가을, 화가 난 진목공이 진혜공을 치기 위해 대대적으로 군사를 일으켰다. 진혜공의 '배은망덕'을 응징하고자 한 것이다. 결국 진혜공은 대패해 포로가 되었지만 그의 이복 누나인 진목공의 부인 진목희 덕분에 풀려날 수 있었다.

이때 진목공은 진晉나라의 황하 이동 땅인 하동河東을 차지했다. 하동은 전략적으로 커다란 의미를 지닌 땅이었다. 진나라가 동쪽으로 진출하기 위해서는 반드시 이 지역을 차지해야만 했다. 진목공은 바로 그 가능성을 처음으로 연 것이다.

기원전 641년 가을, 진목공이 대군을 보내 진혜공의 장인 나라인 양나라를 병탄했다. 이 와중에 양나라 군주가 전사했다. 진秦나라에 인질로 와 있던 진혜공의 태자 '어圉'가 원한을 품었다. 기원전 638년 가을, 진혜공이 병으로 자리에 누었다. 태자 어가 진나라에 인질로 잡혀온 지 7년이 지난 시점이었다. 달아나기 직전 진목공의 딸인 부인 회영懷嬴에게 물었다.

"그대와 함께 고국으로 돌아갈까 하오?"

회영이 말했다.

"그대는 진나라 태자로 이곳에 와서 오랜 시간 곤욕을 당하고 있으니 돌아가고자 하는 것은 당연한 일입니다. 그러나 그대를 따라가면 부친의 명을 저버리는 일이 됩니다. 이를 결코 발설하지는 않겠습니다."

마침내 태자 어는 변복을 한 뒤 달아났다. 뒤늦게 이 소식을 들은 진목공이 크게 노했다. 곧 초나라에 머물던 진문공 중이를 불러들인 뒤 그와 딸 회영을 혼인시켰다. 진晉나라의 정권 교체를 꾀한 것이다.

이듬해인 기원전 637년 9월, 태자 어가 진회공晉懷公으로 즉위한 뒤 공자 중이 일행의 귀국을 강요했다. 공자 중이의 외조부이자 원로대신인 호돌이 이를 거부했다가 죽임을 당했다. 이는 진회공의 목숨을 재촉하는 결과를 낳았다.

진문공의 패업

기원전 636년 1월, 중이를 진晉나라로 들여보내기 위한 성대한 송별연이 황하 강변에서 열렸다. 장인이 된 진목공이 문득 황하를 굽어보다가 사위인 중이에게 부탁했다.

"귀국 후 부디 과인을 잊지 마시오!"

"군주의 은덕으로 귀국하게 되었는데 어찌 잊을 리 있겠습니까?"

대부들이 대거 중이에게 투항하자 진회공은 황급히 고량高梁으로 도주했다. 진목공은 공자 중이가 무사히 진나라 군사를 접수했다는 소식을 듣고서야 비로소 도성인 옹성雍城으로 돌아갔다. 중이 일행이 곡옥으로 들어가 조상의 사당에 참배하며 귀국을 고하자 소식을 들은 30여 명의 대부들이 곡옥 땅으로 황급히 달려왔다. 중이는 그날로 도성인 강도絳都에 입성하여 곧바로 보위에 올랐다.

진문공 중이의 나이는 이미 62세였다. 그 당시의 평균 수명보다 20세 이상 많았다. 43세에 망명 길에 올라 19년 만에 즉위한 탓에 패업을 이룰 수 있는 시간이 많지 않았다. 진문공도 서둘렀다. 먼저 사람을 고량으로 보내 숨어 있던 진회공의 척살을 명했다. 이후 일련의 개혁조치를 통해 진나라의 피폐한 기풍을 완전히 새롭게 바꿔놓았다. 기원전 632년 4월, 지금의 하남 진류현인 성복城濮에서 남방의 강국인 초나라를 격파했다. 보위에 오른 지 4년 만의 일이었다. 사가들은 이를 '성복지역城濮之役'이라고 한다.

기원전 628년 겨울, 진문공이 병으로 자리에 누웠고 이내 숨을 거뒀다. 62세 때 즉위해 8년 동안 천하를 호령하다가 마침내 눈을 감은 것이다. 사상 첫 패자인 제환공은 춘추시대의 첫 패자라는 칭호를 받았음에도 불구하고 한 번도 초나라를 결정적으로 굴복시킨 적이 없었다. 그러나 두 번째 패자인 진문공은 초나라를 힘으로 제압하고 중원의 패권을 확고히 장악했다. 한비자 등의 일부 제자백가가 진문공의 패업을 더 높이 평가한 이유다. 사마천이 진문공에 대해 호의적인 평가를 내린 것 역시 제자백가의 이런 평가가 적잖이 영향을 미쳤을 것으로 보인다.

사람의 길을 모색하라

자산의 인도계

●

人道計

지도자의 리더십

공자의 사상적 스승으로 알려진 자산子産은 춘추시대 말기 정나라
의 재상이다. 그의 사적은 《사기》〈순리열전〉에 실려 있다. '순리循吏'
는 법을 잘 지키고 나라를 잘 다스린 청빈한 관원을 지칭한다. 일명
'청관淸官'으로도 불린다. 〈순리열전〉에 수록된 청관은 모두 5명이
다. 약소국 정나라를 부강하게 만든 자산을 비롯해 초장왕 때 재상
으로 활약한 손숙오孫叔放, 전국시대 노나라의 공의휴公儀休, 춘추시
대 말기 초소왕 때 재상을 지낸 석사石奢, 춘추시대 중엽 진문공 때
활약한 이리李離가 바로 그들이다.

이들 5명의 순리 가운데 가장 대표적인 인물이 바로 자산이다. 그

는 일련의 부국강병책으로 약소국 정나라를 '허브국가'로 일변시킨 주인공이다. 하지만 그가 죽은 후 정나라는 이전 상태로 되돌아갔고 전국시대 초기 한韓나라에 병탄됐다. 뛰어난 지도자의 존재 여부가 국가의 흥망과 직결돼 있다는 사실을 극명하게 보여준다. 《서경書經》〈진서秦誓〉에서도 나라의 흥망이 전적으로 '지도자의 리더십'에 달려 있다고 단언했다.

"나라의 불안은 한 사람으로 말미암은 것이고, 나라의 번영과 화평도 한 사람의 경사에서 비롯된 것이다."

뛰어난 군주 또는 재상의 리더십이 중요하다는 사실을 이처럼 잘 요약해놓은 것도 없다. 정나라 재상 자산은 안영과 같은 시기에 재상으로 있었다. 공자보다는 1세대 정도 앞섰다. 자산은 공자의 나이 31세 때인 기원전 522년에 세상을 떠났다.

바람직한 군자의 모델

《논어》〈공야장〉에는 공자와 동시대 또는 1~3세대 앞서 활약한 인물들에 대한 공자의 평이 수록돼 있다. 자산과 안영을 포함해 위나라 대부 공어孔圉, 노나라 대부 장손진臧孫辰, 초나라 영윤 투자문鬪子文, 제나라 집정대부 진수무陳須無, 노나라 집정대부 계손행보季孫行父, 위나라 집정대부 영유甯兪 등이 그들이다. 춘추시대 후기의 중요 인물들을 거의 망라한 셈이다.

이들의 활약은 《춘추좌전》과 《사기》에 소상히 소개되어 있다. 《논어》에는 모두 세 곳에 걸쳐 자산에 대한 공자의 평이 나온다. 모두 칭찬 일색이다. 반면 관중에 대한 평은 네 곳에 걸쳐 나오는데 칭찬과 비난이 뒤섞여 있어 자산의 평과 대비된다. 이는 공자가 자산을 '군자'의 모델로 삼은 결과다.

"자산에게는 군자의 도가 네 가지 있었다. 몸소 행하면서 공손했고, 윗사람을 섬기면서 공경스러웠고, 백성을 양육하면서 은혜로웠고, 백성을 부리면서 의로웠다《논어》〈공야장〉)."

자산이야말로 군자인 신하가 갖춰야 할 네 가지 덕목을 모두 구비했다는 취지의 극찬이다. 원문은 '행기이공行己以恭'과 '사상이경事上以敬' '양민이혜養民以惠' '사민이양使民以義'이다. 이들 네 가지 덕목 가운데 사상이경을 제외한 행기이공과 양민이혜 및 사민이양 등 세 가지 덕목은 '군도' 사상이경은 '신도' 특유의 덕목에 해당한다.

그렇다면 '군도' 특유의 덕목은 무엇일까? 공평한 잣대로 신하들의 덕성과 능력을 판단해 과감히 발탁하고 활용하는 이른바 '용하이공用下以公'이 그것이다. 행기이공과 양민이혜, 사민이양 등의 덕목은 군신이 함께 지녀야 할 공통 덕목에 해당한다. 그러나 이들 덕목은 사상이경과 용하이공이 전제되지 않으면 역효과를 낼 수 있다. 보여주기 식의 '포퓰리즘 경쟁'에 함몰될 수밖에 없기 때문이다. 백성들을 내세우는 군신의 공통 덕목은 반드시 신도 특유의 사상이경과 군도 특유의 용하이공 덕목 위에 서 있어야만 하는 이유가 여기에 있다. 이는 군도와 신도가 갈리는 분기점이기도 하다.

천도는 멀고 인도는 가깝다

＼

공자가 생전에 '괴력난신怪力亂神'을 멀리한 것도 자산의 행보를 흉내 낸 것이다. 《논어》〈술이〉에 따르면 공자가 말한 괴력난신은 괴이怪異와 용력勇力, 패란悖亂과 귀신鬼神에 관한 일을 말한다. 즉 이성적으로 설명하기 어려운 불가사의한 존재나 현상을 지칭한다.

자산은 괴력난신을 멀리했다. 그는 생전에 "천도天道는 멀고 인도人道는 가깝다"며 하늘에 제사 지내는 것을 단호히 거절했다.

《춘추좌전》에 따르면 기원전 524년 5월, 큰 바람이 불었다. 바람이 더욱 거세지더니 송나라와 위나라, 진나라 등에서 화재가 일어났다. 대부 이석里析이 자산에게 이같이 말했다.

"이는 하늘의 경고입니다. 장차 커다란 이변이 생겨 백성이 사방으로 흩어지고 나라가 거의 망하는 지경에 이르게 될 것입니다. 도성을 미리 옮겨 화를 피하는 것이 옳지 않겠습니까?"

"설령 그럴지라도 나 홀로 천도 여부를 결정할 수는 없소."

이때 대부 비조裨竈가 자산에게 말했다.

"내 말을 듣지 않으면 정나라도 장차 큰불이 날 것이오."

나라의 보물을 내달라는 주문이었다. 정나라 사람들은 화를 입을까 두려워 모두 비조의 말을 따라주길 청했다. 하지만 자산이 듣지 않자 대부 유길이 간했다.

"나라의 보물은 백성을 지키기 위한 것입니다. 만일 화재가 나면 나라가 거의 망하게 됩니다. 지금 비조가 나라를 구할 수 있다고 하는데 집정은 무엇을 아끼려는 것입니까?"

"천도는 아득하고 멀지만 인도는 매우 가깝소. 천도가 인도에 미치는 게 아닌데 무엇을 근거로 천도로써 인도를 안다는 것이오? 더구나 비조가 어찌 천도를 알 수 있겠소? 그는 워낙 말을 많이 하니 간혹 맞아떨어지는 경우가 있을지는 모르겠소."

그러고는 끝내 보물을 내주지 않았다. 얼마 후 정나라에도 큰 화재가 일어났다. 자산이 세족과 관원을 총동원해 진화에 나섰다. 역대 군주의 신주를 신속히 옮기면서 곡식 및 무기 창고 담당 관원 등에게는 각자 맡은 바 임무를 충실히 수행하도록 독려했다. 유사시에 대비해 궁궐의 경계를 철저히 하면서 궁인들을 안전한 곳으로 대피시켰다. 사마司馬에게는 군사를 동원해 불길이 이르는 쪽에 늘어서서 불길을 잡도록 했다. 또 백성들에게는 대열을 지어 차분히 안전한 곳으로 대피하게 했다.

화재가 난 이튿날에는 관원을 보내 각자 자신들이 징발한 인부들을 잘 단속하게 했다. 화재로 인해 집을 잃은 사람들을 기록한 뒤 그들의 세금과 요역 등을 면제해주고 집 지을 재료를 공급했다. 그러자 이내 불길이 잡혔다. 송나라와 위나라 등도 자산이 하는 것을 보고 모두 이를 좇아 불길을 잡았다. 《사기》〈정세가〉에 따르면 불길을 잡은 뒤 자산이 이같이 말한 것으로 기록되어 있다.

"하늘에 제사를 지내며 비는 것은 인간이 스스로 덕을 닦느니만 못하다."

천도와 인도의 상호관계는 제자백가 사이에서 벌어진 커다란 논쟁 가운데 하나다. 이는 크게 둘로 나뉜다. 하나는 맹자가 주장한 '천인합일설天人合一說'이다. 하늘의 이치를 뜻하는 천도가 인간이 나아가야 할 길을 뜻하는 윤리 도덕적인 인도에 직접적인 영향을 미친다는 생각에 기초한 것이다. 다른 하나는 순자가 얘기한 '천인상분설天人相分說'이다. 만물이 순환하며 운행하는 천도의 이치는 자연의 법칙이고, 흥망성쇠의 이치는 인간 자신의 현우賢愚에 따른 것으로 천도와 인도는 서로 다르다는 입장이다. 천인합일설은 진리의 절대성을 전제로 한 도덕 철학, 천인상분설은 진리의 상대성을 인정하는 정치사상의 입장에 가깝다. 관중과 공자 모두 천인상분설의 입장에 서 있었다. 괴력난신을 멀리한 이유다.

패도와 법치

고금을 막론하고 덕치德治에 기초한 왕도는 인기가 많다. 부드럽고 관대하기 때문이다. 이에 반해 법치法治에 기초한 패도覇道는 사람들의 원망을 듣기 십상이다. 엄하고 가혹하기 때문이다. 그러나 종기를 앓는 아이를 치유하기 위해서는 아이가 우는 것을 무릅쓰고 종기의 뿌리를 뽑는 근치根治가 필요하다.

약소국 정나라가 처한 상황은 중원의 패자인 진나라와 다를 수밖에 없었다. 정나라는 마치 종기를 앓는 아이와 같았다. 자산이 세족들은 물론 백성들로부터 커다란 원성을 들으면서도 법치에 기초한 부국강병책을 강력히 추진한 이유다. 그 효험을 뒷받침한 일화가 《춘추좌전》에 실려 있다. 이에 따르면 자산이 집정한 지 1년이 되자 백성들이 이러한 노래를 지어 자산을 비난했다.

의관을 몰수하자 부자들은 이를 감추고　取我衣冠 而褚之
전주를 몰수한 뒤 정비해 나눠주었네　取我田疇 而伍之
누가 자산을 죽이면 기꺼이 도와주리라　孰殺子産 吾其與之

여기서 '의관'이란 사치를 금지시킨 것을 상징한 것이다. 자산은 관중과 마찬가지로 부국강병책을 실시하면서 사치를 엄금했다. 그러자 세족을 비롯한 가진 자들이 이를 감추는 소동이 일어난 것이다. '이저지而褚之'의 '저褚'는 감춰 숨긴다는 뜻의 '저儲'와 통한다. '전주田疇'는 대대적인 토지구획 정리와 세제의 개편을 의미한다. 재정을 확충하려는 시도였다. 이런 일련의 변법으로 인해 그는 사람들로부터 커다란 원성을 들어야만 했다. '누가 자산을 죽이면 달려가 도와주겠다'는 얘기를 스스럼없이 내뱉은 데서 당시 그가 시행한 일련의 부국강병책이 매우 혹독하게 진행됐음을 알 수 있다.

그러나 그 효과는 컸다. 《춘추좌전》에는 3년 후 정나라 백성들이 이런 노래를 지어 그의 업적을 칭송했다고 기록되어 있다.

우리 자제를 자산이 잘 가르쳐주었네　我有子弟 子産誨之
우리 농토를 자산이 크게 불려주었네　我有田疇 子産殖之

자산이 죽으면 누가 그 뒤를 이을까　　子産而死 誰其嗣之

　원성을 퍼붓던 백성들이 자신의 자식들을 잘 이끌고 재산을 크게 불려준 자산에게 칭송을 아끼지 않으며 그의 사후를 염려한 것이다. 교육정책과 경제정책이 일대 성공을 거뒀음을 암시하는 구절이다. 《사기》〈정세가〉는 자산이 죽은 정성공 5년인 기원전 496년의 상황을 이와 같이 기록하고 있다.

　"자산이 죽자 정나라 사람들이 모두 슬피 울었다. 마치 부모가 죽은 듯 슬퍼했다. 자산은 사람을 대할 때 인애仁愛했고 군주를 섬기면서 충후忠厚했다. 공자가 일찍이 정나라를 지날 때 자산을 만나 형제처럼 지냈다는 얘기가 있다. 그는 자산이 죽었다는 소식을 듣고는 '백성을 자애롭게 돌보는 옛 사람의 유풍이 있었다'며 슬피 울었다."

　자산은 안영이 세상을 떠난 지 4년 만에 죽었다. 안영이 죽었을 때 공자가 울었다는 기록은 없다. 그러나 자산이 죽었을 때는 달랐다.

각오를 새롭게 다져라

구천의 상담계

●

嘗膽計

오월시대의 도래

《사기》〈월왕구천세가〉는 춘추시대 마지막 패자인 월왕 구천句踐에
관한 사적을 기록한 것이다. 월나라는 지금의 장강長江 이남 지역인
절강성을 중심으로 한 작은 나라였다. 춘추시대 말기에 들어와 이
웃한 오나라가 흥기하기 전까지는 중원의 제후국들에게 그 존재 자
체도 알려지지 않았다. 〈월왕구천세가〉는 전설적인 왕조인 하나라
소강少康의 서자인 무여無余가 회계會稽에 도읍한 것에서 월나라의
역사가 시작됐다고 기록해놓았으나 원래 월나라는 남만南蠻의 소국
에 지나지 않았다. 다만 월나라는 농업 기반이 뛰어난데다 오나라
와 이웃하며 치열한 경쟁을 전개한 덕분에 오나라와 함께 역사 무

대의 전면에 나서는 행운을 얻게 되었다. 이는 전래의 강국인 제齊, 초楚, 진晉, 진秦 등이 잇단 전쟁과 내란으로 크게 쇠약해진 것과 깊은 관련이 있다. 오월은 이들 4대 강국이 피폐해진 틈을 적극 활용해 부국강병을 추구한 덕분에 천하를 호령하게 된 것이기 때문이다. 즉 '어부지리'의 측면이 크다.

그러나 중요한 것은 두 나라 간 한 치의 양보도 없는 무한경쟁이 이런 결과를 낳았다는 사실이다. 존망의 기로에서 서로 노력하다보니 자신도 모르는 사이 문득 천하를 호령할 정도의 실력을 갖추게 된 것이다. 사서의 기록을 종합해볼 때 오월 두 나라는 당초 중원을 제패할 의도가 전혀 없었다. 실제로 그런 실력을 갖추고 있지도 못했다. 그럼에도 생존을 위한 무한경쟁의 상황에 처해 있던 두 나라는 죽기 살기 식으로 온갖 수단을 동원해 무력을 강화할 수밖에 없었다. 그것이 바로 동쪽 구석에 위치해 있던 오월 두 나라를 천하제일의 강국으로 만드는 결정적 계기가 되었다.

범리와 오자서

오월시대 개막 직전 정나라의 자산과 제나라의 안영, 진晉나라의 숙향叔向 등 뛰어난 재상들이 동시에 등장했다. 이를 '현상시대賢相時代'라고 부른다. 오월시대는 현상시대의 연장선상에 있다. '범리范蠡'는 '오자서伍子胥'와 더불어 오월시대 최후의 현상에 해당한다. 두 사람의 행보는 여러모로 대비된다. 모두 타국 출신의 신하인 이른바 기려지신羈旅之臣이라는 점, 동시에 당대 최고의 꾀주머니인 이른바 지낭智囊으로 활약한 점, 수단과 방법을 가리지 않고 보필하던 주군의 패업을 완수했다는 점 등은 서로 일치한다. 책사에 초점을 맞출 경우 오월시대를 '오자서와 범리의 대결시대'로 간주해도 무방하다.

그럼에도 두 사람은 주군을 보필하는 방법 등에서 커다란 차이를 보였다. 오자서는 마치 스승이 제자를 다루듯 시종 주군인 오왕 합려를 앞에서 이끄는 모습이었다. 자신의 생각을 거침없이 건의하고 이를 관철시켰다. 문제는 오왕 합려의 뒤를 이은 부차에게도 동일한 방식을 구사한 데 있다. 합려는 오자서가 없었다면 보위에 오르는 것이 불가능했던 까닭에 그 은혜를 잊지 않았다. 그가 죽을 때까지 오자서를 마치 스승 대하듯 예우한 이유다. 그러나 부차는 달랐다. 그는 오자서를 일종의 고문으로 밀어낸 뒤 백비와 같은 인물로 새 진용을 짜 자신의 시대를 만들고자 했다. 오자서는 이를 용납할 수 없었다. 내심 오나라는 자신이 만들었다는 생각을 갖고 있었기 때문이다. 여기서 둘의 갈등이 빚어졌다. 오자서가 비참한 최후를 맞이한 이유다.

범리는 오자서와 달랐다. 그는 어디까지나 참모 역할에 충실했다. 월왕 구천의 조급증을 달래기 위해 때론 강력한 수위의 간언을 하기도 했지만 도를 넘은 적이 한 번도 없다. 나아가고 물러날 때를 정확히 알고 있었기 때문이다. 패업을 이룬 후 월왕 구천의 곁을 아무 미련 없이 떠난 것도 이런 맥락에서 이해할 수 있다.

범리와 함께 월왕 구천의 패업에 결정적인 도움을 준 대부 문종文
種은 내심 월왕 구천에게 커다란 은혜를 베풀었다는 생각을 갖고 있
었다. 그 결과는 토사구팽이었다. 오자서의 전철을 밟은 셈이다.

취리와 회계산 전투

오월 가운데 오나라의 흥기가 훨씬 빨랐다. 오나라는 기원전 585년
에 왕을 칭한 데 반해 월나라는 이로부터 70여 년 뒤인 기원전 511
년에 왕을 칭했다. 그러나 월나라가 크게 뒤처져 있던 것은 아니다.
《춘추좌전》에 따르면 기원전 506년, 오왕 합려가 중원의 패자인 진
晉나라의 후원을 받아 초나라 도읍인 영성郢城을 공격할 당시 초나
라가 진秦나라에 구원병을 청하면서 동시에 월나라에 도움을 청했
다. 월나라의 실력이 만만치 않았음을 뒷받침하는 대목이다.

사마천은 〈월왕구천세가〉에 범리에 관한 모든 일화를 그러모아
놓았다. 대부분의 내용이 《국어》와 겹친다. 기원전 496년, 영성을
함락시켜 천하를 진동시켰던 오왕 합려는 월왕 윤상允常이 세상을
떠나고 그의 아들 구천이 즉위했다는 소식을 듣고 크게 기뻐했다.
국상을 맞아 어수선한 틈을 타 월나라를 무너뜨릴 수 있는 절호의
기회라고 판단한 것이다.

이해 여름, 오왕 합려가 대군을 이끌고 월나라로 쳐들어갔다. 월
왕 구천이 곧바로 영격迎擊에 나서자 두 나라의 군사가 취리檇李에

서 대치하게 됐다. 《춘추좌전》은 이 대목에서 처음으로 구천의 이름을 언급했다.

이 전투에서 오나라 군사가 대패했다. 초나라를 제압하고 천하를 호령하게 된 합려 역시 격전 중에 입은 부상으로 인해 허망하게 세상을 떠나고 말았다. 이를 계기로 오월 두 나라의 원한은 더욱 깊어졌고 경쟁 또한 더욱 치열해졌다. 합려의 뒤를 이어 부차는 사람을 궁정에 세워두고는 출입할 때마다 부친의 죽음을 상기시키며 복수를 다짐했다. 부차는 3년 동안 이런 모습으로 절치부심하며 무력을 강화함으로써 마침내 설욕에 성공했다. 《춘추좌전》은 기원전 494년의 상황을 다음과 같이 기록하고 있다.

"오왕 부차가 월나라 군사를 지금의 강소성 오현인 부초산夫椒山에서 깨뜨렸다. 이는 취리의 싸움에 대한 보복이었다. 오나라 군사가 승세를 몰아 바로 월나라로 쳐들어가자 월왕 구천이 정예병 5천 명을 이끌고 회계산會稽山으로 들어가 저항했다. 구천은 궁지에 몰리자 마침내 대부 문종을 부차의 총신인 오나라 태재 백비에게 보내 강화를 체결하도록 했다."

이 대목은 대부 문종에 대한 유일한 기록이기도 하다. 범리라는 이름은 아예 등장하지도 않는다. 그러나 〈월왕구천세가〉와 《국어》 〈월어〉 모두 구천이 범리의 계책을 받아들여 문종을 강화 사절로 보냈다고 기록되어 있다. 구천이 대부 문종에게 월나라를 지키게 하고, 자신은 범리와 함께 오나라로 건너 가 신복臣僕이 된 배경이 여기에 있다.

목적을 이루려면 굴욕을 참아내라

〈월왕구천세가〉와 〈월어〉는 구천이 오왕 부차의 신복이 된 이후 범리의 계책을 이용해 사지를 빠져나오는 과정을 집중 조명했다. 그러나 인구에 회자하는 '문질상분問疾嘗糞' 일화에 대해서는 아무런 언급도 해놓지 않았다. 이 일화는 오직 《오월춘추》에만 나온다. 후대인이 만들어낸 가공의 일화임을 뒷받침하는 것이다. 그럼에도 문질상분 일화는 와신상담臥薪嘗膽 일화와 더불어 21세기 현재까지 가장 널리 알려진 오월시대의 대표적인 일화로 꼽힌다.

시간이 지나자 오나라 안에서는 구천의 처리 문제와 관련해 태재 백비를 중심으로 한 '석방파'와 오자서를 중심으로 한 '처단파'가 격렬히 대립하기 시작했다. 부차는 결단하지 못하고 망설였다. 사태가 긴박하게 돌아가는 이 와중에 부차가 갑작스레 병이 나 자리에 누웠다. 그리고 서너 달이 되도록 병은 호전되지 않았다. 이때 범리가 구천에게 한 가지 계책을 제시했다.

"지금 오왕은 우리를 용서해주기로 마음을 먹었다가 오자서의 말을 듣고는 또 마음이 변했습니다. 그런 심약한 사람의 동정을 얻으려면 비상수단을 써야 합니다. 대왕은 문병을 가서 부차를 배견하게 되면 그의 분변糞便을 받아 직접 맛보면서 그의 안색을 살펴보고 곧 하례賀禮를 올리십시오. 이어 병세가 점차 호전될 것이라고 말하고 병석에서 일어날 날짜를 말하십시오. 예언이 적중하기만 하면 무엇을 염려할 필요가 있겠습니까?"

다음 날 구천이 태재 백비에게 청했다.

"오왕의 병환을 문후問候하고자 합니다."

태재 백비가 곧 이를 부차에게 알렸다. 부차의 허락이 떨어졌다. 마침 부차가 대소변을 보자 태재 백비가 이를 들고 밖으로 나오다가 방문 밖에서 구천과 만나게 되었다.

구천이 말했다.

"제가 대왕의 변을 보고 대왕 병세의 길흉을 판단해보도록 하겠습니다."

그러고는 손으로 소변과 대변을 각각 떠서는 한 번씩 맛본 뒤 곧 안으로 들어가 다음과 같이 말했다.

"죄인 구천이 대왕에게 축하의 말씀을 올립니다. 대왕의 병은 사일己日이 되면 곧 호전될 것입니다. 그래서 3월 임신일壬申日에 이르면 병환이 완전히 치유될 것입니다."

"그것을 어찌 알 수 있소?"

"제가 일찍이 변을 통해 병세를 알아맞히는 사람으로부터 그 방법을 배운 적이 있습니다. 분변은 먹는 곡물의 맛을 좇아야 하니 시령時令의 원기元氣을 거스르는 사람은 곧 죽게 됩니다. 분변이 시령의 원기를 좇게 되면 곧 살아나게 됩니다. 지금 신이 개인적으로 대왕의 분변을 맛보았습니다. 대변의 맛은 쓰고 맵고 싶다. 이 맛은 봄과 여름 사이의 원기에 응하는 것입니다. 이로써 저는 대왕의 병세가 3월 임신일이 되면 완전히 나을 것을 알 수 있었습니다."

부차가 크게 기뻐했다.

"참으로 인인仁人이오."

구천이 예측한 날이 가까워 오자 부차의 병이 거의 낫게 되었다. 부차가 곧 큰 잔치를 벌이고는 이같이 명했다.

"오늘 월왕을 이 자리에 참석시켰으니 군신들은 귀빈의 예로써 그를 대하도록 하라."

화가 난 오자서는 참석하지 않았다. 구천과 범리가 함께 일어나 쾌유를 축하하며 만세토록 장수할 것을 기원했다. 부차가 마침내 구천을 석방한 뒤 귀국할 것을 명했다. 송별할 때 부차가 구천에게 말했다.

"그대를 사면하여 귀국토록 했으니 앞으로 더욱 충성하시오."

구천이 머리를 조아리며 말했다.

"대왕이 신을 불쌍히 여겨 귀국의 은덕을 베풀었습니다. 죽을 때까지 목숨을 다 바쳐 충성할 것입니다."

여기서 병세를 알아본다는 핑계로 변을 맛보는 식의 아첨을 일삼는 '문질상분', 변의 맛을 보고 주군의 환심을 산다는 '상분득신嘗糞得信', 아첨하기 위해 변을 맛보는 것도 부끄러워하지 않는 자를 뜻하는 '상분지도嘗糞之徒' 등의 성어가 나왔다.

구천이 행한 문질상분 행보는 와신상담과 같은 취지로 해석하는 게 옳다. 목적을 이루기 위해 온갖 굴욕을 참아내는 극기克己에 해당한다. 실제로 구천은 귀국하자마자 겉으로는 정성을 다해 부차를 섬기는 모습을 보이면서도 안으로는 설욕의 그날을 위해 절치부심하며 부국강병에 박차를 가했다.

《오월춘추》에 따르면 월왕 구천이 문종의 계책을 좇아 절세의 미인인 서시西施를 오왕 부차에게 바쳤다. 미인계 일화는 오직 후대에 만들어진 《오월춘추》와 《월절서》 등에만 나오고 있어 역사적 사실로 보기 어렵다. 그러나 와신상담 일화는 나름 역사적 사실에 근거했을 공산이 크다.

기원전 490년, 범리는 구천과 함께 월나라로 돌아왔다. 구천은 귀국 후 오나라에 겪은 수모를 한시도 잊지 않았다. 그는 자리 옆에 쓸개를 매달아놓은 뒤 앉으나 누우나 쳐다보았고 음식을 먹을 때도 이를 핥았다. 수시로 '너는 회계산의 치욕을 잊었는가'라고 자문자답하며 스스로를 채찍질했다.

기원전 482년 6월 12일, 구천은 부차가 중원의 여러 나라들로부터 맹주로 인정받는 황지黃池 회맹을 주도하는 와중에 오나라 도성을 점령하기 위해 은밀히 군사를 출동시켰다. 오나라의 허를 찌른 것이다. 결국 이해 6월 23일, 월나라 군사가 오나라 도성에 입성했다. 《오월춘추》에서는 이때 월나라 군사들이 지금의 강소성 소주시 서남쪽 고소산에 세워진 거대한 규모의 고소대姑蘇臺을 불태웠다고 기록하고 있다.

오나라 사자가 급히 오왕 부차에게 달려가 이 사실을 전했다. 회맹을 코앞에 둔 부차는 중원의 제후들이 이 소식을 들을까 크게 두려워한 나머지 서둘러 회맹을 마친 뒤 군사를 이끌고 황급히 남하

했다. 근거지를 잃은 오왕 부차의 주력군은 제대로 전투를 치를 수 없었다. 구천도 단숨에 오나라를 무너뜨릴 수는 없다고 판단했다.

이해 겨울, 오나라가 월나라와 강화했다. 구천이 곧바로 군사를 이끌고 철군했다. 이때까지도 무력은 오나라가 앞서 있었다. 그런 데도 오나라는 3년 뒤 멸망하고 말았다. 명실상부 천하의 패자로 군림하기 위해 힘을 엉뚱한 데 소진한 후과였다.

주목할 것은 범리가 오나라 패망 직후 미련 없이 구천의 곁을 떠남으로써 토사구팽의 마수에서 벗어났다는 점이다. 반면 문종은 범리의 제안을 뿌리치고 머물러 있다가 토사구팽의 제물이 되고 말았다. 후대인들이 범리의 현명한 처신을 극찬한 이유다.

"공이 이뤄지면 뒤로 물러나는 공수신퇴功遂身退가 천도에 부합한다(〈도덕경〉 제9장)."

공수신퇴는 토사구팽의 위험성을 경고한 것이기도 하다. 그런 점에서 《국어》〈월어〉에는 비록 문종이 토사구팽 당하는 내용이 실려 있지는 않으나 범리의 현명한 공수신퇴 행보를 칭송하므로써 토사구팽의 위험성을 암시한다.

전혀 다른 길을 걷게 된 오자서와 범리의 삶을 비교해볼 때 두 사람 모두 뛰어난 지략을 지닌 당대의 모신이었음은 분명하다. 공히 신하로서 최고의 자리에 오른 것만 보아도 그렇다. 그러나 그 결말은 전혀 달랐다. 오자서는 초기에 와신상담의 뛰어난 인내심을 보인 오왕 부차를 섬기면서 자신과 의견이 다르다는 이유로 능히 수용치 못하는 협량狹量, 자신이 세운 공에 대한 지나친 자부심, 주군을 강압적으로 설득하려고 하는 무모함 등으로 자신은 물론 오나라 마저 패망하게 만들었다. 합려에 대한 충성을 토대로 부형의 원수를 갚은 것까지는 좋았으나, 합려 사후의 행보에서 적잖은 문제점을 드러내 자신과 나라의 패망을 자초했다. 오자서를 죽음으로 몰아간 오왕 부차마저 비참한 최후를 맞이한 것을 감안하면 토사구팽 성어는 승자도 패자도 없이 군주와 신하가 모두 패망하는 '공망共亡'을 상징한다.

이에 반해 범리는 21세기 현재까지 삼국시대의 제갈량만큼 뛰어난 활약을 보인 명재상으로 칭송받고 있다. 지혜롭고 그릇이 큰데다가 나아가고 물러날 때를 알아 현명하게 처신한 점 등이 논거로 꼽힌다. 일반 사람들에게 자리를 지키다가 토사구팽을 당하는 것과 미련 없이 벼슬을 버리고 자유롭게 사는 것 가운데 어느 길을 택할 것인지 물으면 거의 예외 없이 후자를 택할 것이다. 문제는 자신만은 토사구팽 당할 일이 없다고 착각하는 데 있다. 공이 크면 클수록 이런 착각을 하기 쉽다. 이는 자멸의 길이다. 권력자를 둘러싸고 온갖 유혹이 난무하는 21세기 현재, '공성신퇴功成身退'를 결단한 범리의 현명한 행보가 더욱 돋보이는 이유다.

적의 실력을 파악하라

손자의 지피계

知彼計

손자병법

〈손자열전〉의 원래 제목은 〈손자오기열전〉이다. 현존 《손자병법》의 저자로 알려진 손자孫子, 즉 손무孫武와 《손빈병법》의 저자인 그의 후손 손빈孫臏, 《오자병법》의 저자인 오기吳起의 사적을 합쳐놓은 합전合傳이다. 사마천은 〈손자오기열전〉에서 손무를 오자서와 함께 초나라를 격파한 인물로 소개했다. 그러나 《춘추좌전》에는 오자서의 이름만 나오고 손무의 이름은 전혀 나오지 않는다. 예로부터 손무가 실존 인물인지의 여부를 놓고 많은 논란이 있던 이유다. 지금도 손무를 실존 인물로 보는 견해와 가공의 인물로 보는 견해가 팽팽히 맞서 있다.

현존《손자병법》은 삼국시대 조조가 새롭게 펴낸《손자약해孫子略解》가 원본이다. 당시 조조는 원문의 6배 이상 부풀려진 기존의《손자병법》을 대대적으로 손질해 원형에 가깝게 복원하면서 정밀한 주석을 가했다. 조조가 현존《손자병법》의 사실상 저자인 셈이다.

역대 병서들 가운데 첫머리에 군사학의 이념을 도가 차원에서 접근한 '병도兵道'를 언급한 것은 오직《손자병법》밖에 없다. 병도의 이치도 모른 채《손자병법》의 지략을 배우려는 것은 구슬은 빼놓은 채 화려하게 장식된 구슬상자만 파는 이른바 '매독환주買櫝還珠'의 우를 범하는 것이나 다름없다. 이런 자세로는 아무리 무수한 전례와 상례를 열심히 분석할지라도 최상의 방략을 찾을 수 없다. "구슬이 서 말이라도 꿰어야 보배다"라는 속담이 있듯이 병도는 구슬을 꿰는 것처럼 모든 전략전술을 하나로 묶는 벼리의 역할을 한다.

손무의 병법

기원전 515년, 오나라 공자 광光이 초나라에서 망명한 책사 오자서의 계책을 이용해 사촌 동생인 오왕 요僚를 척살하고 보위에 올랐다. 그가 바로 오왕 합려다. 그는 군사를 대대적으로 일으켜 초나라를 치고자 했다. 수백 년 동안 남방의 최대 강국으로 군림했던 초나라를 제압한 뒤 중원마저 굴복시켜 명실상부한 패자로 군림하고자한 것이다. 이는 결코 터무니없는 게 아니었다.

당시 오랫동안 중원의 패자로 군림했던 진晉나라는 권신들의 발호로 인해 그 위세가 크게 땅에 떨어져 있었다. 초나라가 중원의 제후들에게 비록 잠정적이기는 하나 오히려 더 큰 영향력을 미치고 있었다. 초나라를 제압하는 것은 곧 중원의 패자로 군림할 수 있음을 천하에 공포하는 것이나 다름없었다. 합려도 바로 이 점을 염두에 두고 초나라를 치고자 했다. 손무를 합려에게 소개한 사람은 오자서였다.

하루는 합려가 초나라 대군을 상대할 오나라 장수가 없어 고심하자 오자서가 합려에게 다가가 물었다.

"대왕은 초나라 군사가 너무 많은 것을 우려하십니까?"

"그것을 어찌 알았소?"

"신이 한 사람을 천거하겠습니다. 그 사람이면 초나라 군사와 싸워 반드시 이길 수 있을 것입니다."

"그 사람이 누구요?"

"손무라는 자입니다. 그는 병법에 매우 뛰어납니다."

합려는 오자서의 거듭된 천거에도 불구하고 처음에는 구체적인 대답을 하지 않았다. 오자서가 거듭 손무를 불러 만나볼 것을 청하자 마침내 손무를 만나보게 되었다. 합려가 손무에게 청했다.

"용병술을 한번 시험해봐도 괜찮겠소?"

"물론입니다. 후궁의 궁녀들을 대상으로 시험해보는 것이 좋을 듯합니다."

"좋은 생각이오."

손무가 말했다.

"저에게 대왕이 총애하는 후궁 두 사람을 주십시오. 그녀들로 하여금 각각 하나의 부대를 지휘하게 해보겠습니다."

"그 두 여인은 과인이 총애하는 궁녀요. 가히 대장으로 삼을 수 있겠소?"

손무가 대답했다.

"군사란 먼저 호령을 엄격히 하고 연후에 상벌을 내리는 것입니다. 비록 훈련의 규모는 작지만 갖출 것은 모두 갖춰야 합니다. 집법執法 한 사람과 군리軍吏 두 사람을 세워 장수의 호령을 전하게 하고, 고수鼓手 두 사람을 두어 북을 치게 하고, 역사 몇 사람을 아장牙將으로 삼아 무장한 차림으로 단하壇下에 도열시켜야만 비로소 위엄이 섭니다."

손무는 수백 명의 궁녀에게 갑옷과 투구를 착용하게 하고 검과 방패를 들게 한 뒤 군율軍律을 일러주었다. 이어 그녀들에게 북소리에 따라 진퇴進退, 좌우左右, 회선回旋하는 방법을 일러준 뒤 훈련 시 금지사항 등을 주지시켰다. 그러고는 곧 이같이 명했다.

"북을 한 번 치면 모두 떨쳐 일어나고, 두 번 치면 모두 큰소리로 외치며 전진하고, 세 번 치면 모두 전투 대형으로 전개한다!"

궁녀들이 모두 입을 가리고 웃었다. 손무가 친히 북채를 잡고 북을 울리며 거듭 하명下命하고 경고를 주었다. 궁녀들은 웃기만 할 뿐 움직일 생각을 하지 않았다. 손무의 머리털이 삐쭉 솟아 관을 찌르자 목옆으로 내려뜨린 관끈이 이내 뚝 끊어지고 말았다.

손무가 고개를 돌려 집법에게 분부했다.

"부질鈇鑕을 대령하라!"

부질은 사람의 목과 허리 등을 자르는 형벌을 가할 때 사용하는 도끼와 그 밑받침으로 쓰는 모탕을 말한다.

손무가 다시 집법에게 물었다.

"금령禁令이 명확치 않고, 하명이 지켜지지 않는 것은 장수의 죄다. 그러나 이미 금령을 내리고, 되풀이하여 분명히 명했는데도 병사들이 계속 군령을 좇아 진퇴하지 않았다. 이는 부대장의 죄다. 군법에 따르면 어찌 조치해야 하는가?"

"마땅히 참수해야 합니다."

손무가 하령했다.

"모든 사졸을 참할 수는 없다. 이 죄는 두 대장에게 있다. 즉시 두 대장을 참하라!"

아장들이 즉시 합려의 두 총희寵姬를 끌어내어 결박했다. 합려는 멀리서 이를 구경하다가 대경실색했다. 황급히 사자에게 부절符節을 내주며 신신당부했다.

"급히 가서 나의 분부를 전하고 두 궁녀를 구출하라!"

사자가 급히 손무에게 달려가 명을 전했다.

"과인은 이미 장군의 용병술을 보았소. 과인은 두 총희가 없으면 음식을 먹어도 맛을 모르니 부디 참수하는 일만은 하지 마시오."

하지만 손무가 단호히 거절했다.

"신은 이미 대왕으로부터 장수의 명을 받았습니다. 장수가 군대에서 법을 집행할 때는 군주가 설령 하명할지라도 이를 접수하지 않는 법입니다!"

그러고는 속히 두 총희의 목을 치게 했다. 이후 궁녀들 가운데 감히 한눈을 파는 사람은 단 한 명도 없었다. 손무가 합려에게 보고했다.

"병사들이 완전히 정비되었으니, 이제 대왕이 원하는 바대로 그들을 운용할 수 있을 것입니다. 이같이 하면 가히 천하를 평정할 수 있습니다."

합려가 우울한 표정으로 말했다.

"나는 그대가 용병에 뛰어나다는 것을 이제 분명히 알았소. 장군은 대오를 해산시킨 뒤 돌아가 쉬도록 하시오. 나는 궁녀들의 열병을 보고 싶은 생각이 없소."

그는 내심 손무를 다시 돌려보낼 작정이었다. 손무가 밖으로 나가며 탄식했다.

"오왕은 한낱 나의 이론만 좋아했을 뿐이다."

이 얘기를 전해들은 오자서가 합려를 찾아가 간했다.

"지금 대왕은 장차 군사를 일으켜 포학한 초나라를 치고 천하의 맹주가 되어 제후들을 호령하고자 합니다. 만일 손무를 장수로 세우지 않으면 누가 능히 회하淮河와 사수泗水를 넘고 천 리를 달려가 작전을 펼치겠습니까?"

합려가 이 말을 듣고 이내 손무를 대장으로 삼았다. 이후 오나라는 손무와 오자서의 지휘 아래 초나라 군사를 대파하고 초나라 도성을 점령하는 데 성공했다.

제4차 산업혁명과 손자병법

초연결超連結과 초지능超知能으로 상징되는 이른바 제4차 산업혁명 시대는 국가총력전 양상으로 전개되고 있다. 이 경쟁에서 패하면 2류, 3류 국가의 굴레를 벗어나기가 매우 힘들다. 그만큼 상황이 엄중하다는 얘기다. 최후의 승자가 되기 위해서는 경쟁국과 자국의 능력 및 장단점을 객관적으로 평가한 뒤 정밀하고도 장기적인 안목으로 필승의 형세를 만들어나가야 한다. 모두《손자병법》에서 역설한 전략전술의 이치와 꼭 맞아떨어진다. 21세기에 접어들면서 동서를 막론하고 유수 경영대학원을 포함한 각 연구기관에서《손자병법》에 관한 심도 있는 탐구가 진행되는 이유다.

객관적으로 볼 때 서양이《손자병법》을 안 것은 비교적 최근의 일이다. 나폴레옹이《손자병법》을 손에서 놓지 않았다는 얘기가 전해지고 있지만 확인할 길은 없다. 분명한 것은 1970년에 작고한 20세기 최고의 군사전문가 리델 하트Liddell Hart의 저서《전략론》에《손자병법》이 대거 인용돼 있고, 웨스트포인트 사관학교가《손자병법》을 교재로 활용하고 있다는 것이다. 또한 현재 세계 각국의 많은 사관학교와 경영대학원에서《손자병법》을 군사전략 및 경영전략의 핵심 이론서로 삼아 가르치고 있다.

《손자병법》의 가르침은 수신제가에서 치국평천하에 이르기까지 모든 유형의 갈등과 대립, 경쟁 원리에 그대로 적용된다. 전쟁 발발 배경과 전개 과정, 전후 결과 등을 '이익을 향해 무한질주'하는 인간의 본성인 호리지성에 입각해 정밀하게 추적한 덕분이다.

실제로 동양에서는 《손자병법》을 오래전부터 세상을 크게 바라보는 안목과 지혜로운 삶을 가능케 하는 고전으로 간주해왔다. 이를 활용한 대표적인 인물로 당나라 때 두보와 함께 이두二杜로 불린 두목杜牧을 들 수 있다. 그는 당대 최고의 풍류객으로 꼽히며, 주옥같은 서정시를 많이 남겼다. 동시에 두보와 마찬가지로 역사적 사실을 시제로 삼아 세상사를 읊은 영사시詠史詩의 대가였다.

하루는 유방에게 패한 항우의 넋을 기리기 위해 오강 주변에 놀러 갔다가 감개한 나머지 인구에 회자하는 〈제오강정題烏江亭〉을 일필휘지로 써내려갔다.

승패는 병가의 상사이니 승리를 기약하지 않지	勝敗兵家事不期
패배의 부끄러움과 치욕을 참는 게 대장부인데	包羞忍恥示男兒
강동에 재주와 지혜가 뛰어난 인재가 많았으니	江東子弟多豪傑
권토중래하면 천하주인 누가 될지 몰랐을 텐데	捲土重來未可知

오늘날에도 흔히 사용하는 성어인 '병가상사'와 '권토중래'의 출전이 바로 여기다. 항우가 한때의 분을 참지 못해 자진한 것에 대한 안타까움과 질책의 뜻이 담겨 있다. 그의 주석은 조조의 주석과 더불어 역대 《손자병법》 주석 가운데 가장 뛰어나다는 칭송을 받는다.

병가와 가장 가까운 제자백가는 노자로 상징되는 '도가'와 한비자로 요약되는 '법가'다. 《손자병법》과 《한비자》 모두 노자가 역설한

'무위지치'를 최상의 치도治道로 간주했으며 삼국시대 당시 천하통일의 기반을 닦은 조조는 도가와 법가 사상에 입각해《손자병법》을 새롭게 편제하고 주석을 가했다.《손자병법》은 반드시 조조와 노자, 한비자의 시각에서 접근해야 기본 취지를 제대로 파악할 수 있다. 또한 제자백가 가운데 도가와 법가, 병가는 모두 인간의 호리지성을 전제로 사상과 이론을 전개한다. 이는 인의예지 등의 윤리나 도덕에 주목한 유가와 뚜렷한 대조를 이룬다.

21세기에 들어와《손자병법》이 단순히 전술서나 경영전략서 차원을 넘어 역사학과 문학 등 인문학서의 일원으로 평가받는 것은 조금 늦은 감이 있다. 일찍이 조조는 유비와 함께한 술자리에서 그 유명한 '영웅론'을 설파한 바 있다.

"무릇 영웅이란 가슴에는 큰 뜻을 품고, 뱃속에는 좋은 계책이 있어야 한다. 이는 우주를 감싸 안을 기발한 지혜와 천지를 삼켰다 토했다 할 수 있는 의지를 지닌 사람을 말한다."

객관적으로 볼 때《손자병법》은 병가사상의 정수를 응축해놓은 최고의 고전이다. 수천 년에 걸쳐 많은 병서가 명멸했지만《손자병법》만이 유일하게 제왕을 위시해 일반 서민에 이르기까지 끊임없는 사랑을 받아왔다. 철저히 인간의 호리지성에 근거해 승패의 원인을 과학적으로 분석해놓은 덕분이다. 또한 전황戰況에 대한 냉철한 판단, 필승의 형세를 갖추기 위한 계책, 승리를 견인할 수 있는 장수의 기본자세 등을 상도商道와 상황商況, 상략商略, 상술商術 등에 그대로 적용할 수 있다는 점도 손자병법이 사랑받는 이유다.

고금의 역사를 개관하면 알 수 있듯이 무력을 동원하기 전에 명예와 이익, 권력을 좋아하는 인간의 기본 심성을 적극 활용해 상대방을 제압하는 것이 고수의 비결이다. 《손자병법》은 바로 이런 이치를 체계적으로 정리해놓은 천고의 명저라고 평할 수 있다.

· 제7강 ·

적시에 과감히 바꿔라

상자의 변법계

●

變法計

상앙, 공숙좌를 만나다

상자商子는 전국시대 중엽 두 차례에 걸친 대대적인 변법을 통해 서쪽 변방의 진秦나라를 최강의 군사대국으로 만든 상앙商鞅을 가리킨다. 그는 기원전 390년, 중원의 약소국인 위衛나라에서 태어났다. 부친은 위나라의 공자 출신이었으나 그는 첩의 아들이었다.

어렸을 때부터 남달리 총명했던 그는 '형명학形名學'을 좋아했다. 형명학은 명분과 실상이 부합하는지의 여부를 따지는 일종의 명실론名實論이다. 법의 엄격한 적용이 전제되고 있는 까닭에 통상 이를 형명학으로도 표현하는 것이다. 전국시대 말기에 한비자라는 걸출한 인물이 나와 법가사상을 집대성할 때까지 형명학은 곧 법가사상을 대신하는 용어로 사용됐다.

상자는 청년기 때 고향을 떠나 벼슬길을 찾아나섰다. 가장 먼저 찾은 나라는 위魏였다. 그는 먼저 위나라 상국으로 있는 공숙좌公叔痤를 찾아갔다. 공숙좌는 곧 그를 공족을 관장하는 중서자中庶子에 임명해 참모로 활용했다.

기원전 362년, 진나라와 위나라 군사가 지금의 섬서성 한성현인 소량小梁에서 격돌했다. 진나라 군사가 위나라 군사를 대파한 뒤 마침내 공숙좌를 포로로 잡았다. 이때 마침 진효공秦孝公이 즉위했다. 진나라는 국상國喪으로 인해 위나라와 강화하여 공숙좌를 석방한 뒤 곧바로 회군했다. 석방된 공숙좌가 얼마 되지 않아 병이 나 자리에 눕게 되자 위혜왕이 문병 차 찾아왔다.

"그대가 병석에서 오랫동안 치료를 받아야 한다면 국정을 대신 맡아볼 사람으로 누가 좋겠소?"

공숙좌가 상앙을 천거했다. 위혜왕이 아무 말도 하지 않았다. 공숙좌가 좌우 측근들을 물린 뒤 다시 진언했다.

"대왕이 그를 등용하지 않을 양이면 반드시 그를 제거해 다른 나라로 빠져나가지 못하게 해야 합니다."

위혜왕이 환궁하자 공숙좌가 상앙을 불렀다.

"나는 상국의 몸으로 군주의 이익을 우선해야 하는 까닭에 만일 그대를 등용하지 않을 양이면 미리 제거해야 한다고 진언했다. 대왕이 이를 수락했으니 그대는 서둘러 이곳을 떠나도록 하라."

상앙이 대답했다.

"대왕이 저를 등용하라는 상국의 진언을 받아드리지 않았는데, 저를 죽이라는 진언 또한 어찌 받아드리겠습니까?"

그러고는 태연히 위나라에 머물렀다. 과연 당시 위혜왕은 환궁한 뒤 좌우에게 이같이 말했다.

"상국은 병이 깊어지더니 이상해졌소. 참으로 슬픈 일이오. 과인에게 공손앙을 기용하라고 권하니 말이오. 실로 노망이 든 게 아니고 뭐겠소!"

훗날 위혜왕은 상앙을 놓친 것을 두고두고 후회했으나 이미 엎지른 물이었다.

"진나라는 진효공이 상앙을 맞아들인 이후 날로 강해지고 위나라는 상앙을 놓친 후 날로 영토가 줄어들었다. 이는 공숙좌가 어리석었기 때문이 아니라 위혜왕이 어리석었기 때문이다. 어리석은 자의 가장 큰 우환은 실로 어리석지 않은 자를 어리석은 자로 여기는 데 있다(사마광司馬光의 《자치통감》)."

통렬한 지적이다. 하지만 당시 공숙좌 역시 상앙을 적극 천거하지 않은 점에 대해서는 책임을 면할 길이 없다.

진효공과 상앙의 만남

기원전 361년, 진효공이 천하에 '구현령求賢令'을 포고하자 상앙이 진나라로 갔다.

"옛날 선군 진목공은 기산岐山과 옹수雍水 사이에서 덕을 닦고 무력을 길러, 동쪽으로 진晉나라의 내란을 평정하고 황하를 경계 삼아 하서河西를 다스렸다. 또한 서쪽으로 융적을 제압하고 땅을 천 리나 더 넓혔다. 천자가 우리에게 방백方伯의 칭호를 내리자 제후들이 모두 경하했다. 후대를 위해 기업基業을 개창한 것이 참으로 빛나고 아름다웠다. 그러나 불행히도 3진三晉이 다시 우리의 하서를 빼앗았다. 이보다 더 큰 치욕은 없을 것이다. 선군인 진헌공秦獻公이 즉위한 후 변경을 진무한 뒤 도성을 옹성雍城에서 약양櫟陽으로 옮겼다. 과인은 실지를 회복하고 정령의 본의를 밝게 드러내고자 하나 늘 마음속에 부끄럽고 비통한 생각뿐이다. 빈객과 군신들 중에 기계를 내어 진나라를 부강하게 할 수 있는 사람이 있으면 과인에게 오라. 과인이 관작을 내리고 땅도 나눠줄 것이다."

실지를 회복하고 진나라를 천하의 강국으로 만들고자 한 진효공의 의지가 확연히 드러난다. 당시 진헌공이 천도한 약양은 함양과 더불어 관중의 핵심지역 가운데 하나였다. 당시 진효공의 구현령을 접한 천하의 인재들이 진나라 도성인 약양으로 구름처럼 몰려들었다. 상앙도 그 무리에 끼어 있었다. 진효공을 만난 자리에서 그는 다음과 같이 건의했다.

※ 약양의 '약櫟'은 상수리나무를 뜻하는 글자로 원래 의미로 사용될 때는 '력'으로 읽지만 지명으로 사용될 때는 '약'이 맞다. 다만 지금의 하남성에 있는 춘추시대 정나라의 대표적인 도시 '력성櫟城'은 같은 글자인데도 '력'으로 읽는다. 섬서성에 있는 약양만 특이하게도 '약'으로 읽는다. 오늘날까지 같은 글자로 된 지명인데 달리 읽는 매우 드문 경우에 속한다. 《사기》의 고주古註에서 약양을 '력양'이 아닌 '약양'으로 읽어야 한다고 주장한 이후 관행으로 굳어진 결과다.

"패도는 처음에 민심과 역행할 수밖에 없습니다. 이는 주어진 상황이 제도帝道와 왕도를 허용치 않기 때문에 불가피한 것이기도 합니다. 제도와 왕도는 가히 성세聖世에는 쓸 수 있으나 난세에는 치도의 지극한 이치를 터득하기 전에는 함부로 쓸 수 없는 것입니다."

진효공이 청했다.

"패업을 성취하는 길이 무엇인지 자세히 말해주시오."

상앙이 대답했다.

"나라 재정이 튼튼해야 비로소 군사를 쓸 수 있습니다. 또 군사를 쓸지라도 군사가 강해야만 적을 무찌를 수 있습니다. 나라 재정을 튼튼히 하려면 증산에 온 힘을 기울여야 합니다."

싸우며 일하는 농전農戰사상이 여기서 나왔다. 두 사람의 문답은 3일 동안 계속되었으나 진효공이 조금도 피로한 기색을 보이지 않았다고 전한다.

상앙의 기세와 위나라의 쇠락

기원전 359년, 상앙은 자신이 평소 생각해왔던 개혁안을 정식으로 제출했다. 개혁안 작성에 약 2년의 시간이 걸린 셈이다. 상앙은 개혁안을 좇아 기존의 낡은 제도와 질서를 대대적으로 뜯어고쳤다. 그의 변법은 백성들의 자발적인 참여를 이끌어내는 데 초점이 맞춰져 있었다. 일반 백성들에게 새로운 기회를 대거 제공하기 위해서는 세족들의 낡은 특권을 타파해야 했다. 세족들의 반발은 진효공이 앞에 나서서 막아주었다.

상앙의 변법 중 가장 주목할 만한 것은 군공軍功에 대한 포상 원칙이다. 군공을 20급으로 나누고 등급에 따라 작위와 관직, 주택, 처첩, 복장 등에 차등을 뒀다. 노비의 신분일지라도 공을 세우면 평민이 되는 것은 물론 높은 작위에도 올라갈 수 있었다. 이는 관록官祿의 세습제를 폐지한 것이나 다름없었다. 당시의 기준에서 볼 때 이는 가히 혁명적인 조치에 해당했다. 유사한 개혁조치가 몇 년 뒤 다시 한번 이어졌다.

그러나 제1차 변법 당시 태자 사駟가 법을 위반하는 일이 생겼다. 이 얘기를 전해들은 상앙이 진효공을 찾아가 이를 보고하며 처리방안을 제시했다. 진효공이 승낙하자 이내 다음과 같이 하령했다.

"태자의 죄는 그 스승들이 태자를 잘못 지도했기 때문이다. 태자의 스승 공자 건虔을 의형劓刑(코를 베는 형벌)에 처하고, 태자의 교관 공손 가賈을 묵형墨刑(얼굴에 먹을 뜨는 형벌)에 처하도록 하라."

이후로는 아무도 법령을 비판하는 자가 없게 되었다. 당시 태자 사는 상앙에 대한 원한을 마음속 깊이 담아 두고 있었다. 이것이 훗날 상앙에게 부메랑이 되어 돌아왔다.

기원전 354년, 위나라가 조나라로 쳐들어가 도성인 한단邯鄲을 포위하고 초나라가 군사를 보내 조나라를 구하는 등 열국이 치열하게 다퉜다. 기원전 352년, 진효공이 상앙을 '대량조大良造'에 임명했다. 대량조는 제16등급의 작위로 일종의 군정대신에 해당한다. 본격적인 동쪽 진출의 신호탄이었다. 중원으로 진출하기 위해서는 지정학적으로 관문처럼 버티고 있는 위나라부터 제압하지 않으면 안 될 상황이었다. 상앙이 진효공에게 건의했다.

"위나라는 진나라에게 복심腹心의 질환과 같습니다. 위나라가 진나라를 병탄하지 않으면 진나라가 곧 위나라를 병탄해야만 합니다. 안읍安邑에 도읍한 위나라는 진나라와 황하를 경계로 삼고 있으면서 산동山東의 이로움을 독차지하고 있습니다. 위나라는 이로우면 서쪽으로 나아가 진나라를 치고, 불리하면 동쪽으로 나아가 진출 기반을 닦습니다. 지금 위나라는 제나라에 크게 패한데다가 제후들도 위나라를 적대시하고 있으니 차제에 위나라를 치면 위나라는 틀림없이 동쪽으로 천도할 것입니다. 이후 동쪽으로 나아가 제후국들과 맹약하면 가히 제왕의 대업을 이룰 수 있을 것입니다."

"참으로 좋은 생각이오."

상앙이 군사 5만 명을 이끌고 위나라로 쳐들어가자 위혜왕이 크게 놀라 군신들과 대책을 논의했다. 공자 앙卬이 말했다.

"상앙이 우리 위나라에 있었을 때 신은 그와 매우 친했습니다. 이에 신이 군사를 이끌고 가서 먼저 화친을 청해보겠습니다. 그가 거절하면 그때는 성을 굳게 지키고 한나라와 조나라에 구원을 청하십시오."

군신들이 동의했다. 이에 공자 앙이 대장이 되어 군사 5만 명을 이끌고 서하 땅으로 달려갔다. 그러나 상앙이 속임수로 공자 앙을 포획한 뒤 여세를 몰아 위나라 도성인 안읍까지 쳐들어갔다. 결국 위나라는 서하 땅을 내준 뒤 진나라와 강화했다. 위혜왕은 도성을 지금의 하남성 개봉시인 대량大梁으로 옮기면서 탄식했다.

"내가 전에 공숙좌의 말을 듣지 않은 것이 한스럽기 그지없구나."

이후 위나라는 국호를 위魏에서 양梁으로 바꿨다. 이를 계기로 위나라는 내리 쇠락의 길을 걸었다. 위혜왕이 상앙을 잃은 후과가 이처럼 컸다. 이와 정반대로 상앙 덕분에 서하 땅을 회복한 진나라는 승승장구했다. 진효공이 상앙의 공을 높이 사 위나라로부터 빼앗은 상어商於 섬서 상현 땅의 15개 성읍을 봉지로 내리고 상군商君의 칭호까지 하사했다. 세인들은 이때부터 그를 상앙으로 부르기 시작했다. 그 이전까지만 해도 위나라 출신이라는 뜻에서 위앙衛鞅으로 불렀다. 상앙이 가장 득의한 시기였다.

군주의 결단 경영

상앙의 저서《상군서》는 제자백가서 가운데 오직 부국강병만을 역설한 유일한 고전이다. 평시에 농사를 짓다가 전쟁이 나면 전쟁터로 달려나가 싸우는 이른바 농전이 핵심인데, 삼국시대 당시 조조 또한 이 농전의 비결을 찾아낸 바 있다. 병사들이 농사를 짓는 둔전제屯田制로 황건적을 정착시킨 뒤, 당대 최강의 청주병青州兵으로 육성해낸 게 그러한 사실을 뒷받침한다. 조조는《상군서》를 탐독했다. 비단 조조만 그런 것도 아니다.《삼국연의》에서 최고의 군자로 묘사된 유비도 《상군서》를 애독했다. 진수의 《삼국지》〈선주전〉의 주석에 따르면 유비는 죽기 직전 아들 유선에게 다음과 같은 유조遺詔를 내린 바 있다.

"시간이 나면 제자백가서를 포함해 《육도六韜》와 《상군서》를 읽도록 해라. 의지와 지혜를 넓히는 데 도움을 줄 것이다."

그러나 유비는 조조처럼 농전을 제도화하지는 못했다. 《한비자》〈오두〉에서는 "지금 집집마다 《상군서》와 《관자》를 소장하고 있지만 나라가 더욱 가난해지는 것은 입으로 농사짓는 자만 많고 정작 손에 쟁기나 호미를 잡고 농사짓는 자는 적기 때문이다"라고 지적했다. 아는 것보다 실행하는 게 중요하다고 역설한 것이다.

농전은 조조처럼 강력한 법치를 행하지 않으면 불가능했다. 강력한 법치를 전제로 한 상앙의 변법이 중국의 전 역사를 통틀어 유일하게 성공한 변법 사례로 거론되는 것도 이런 맥락에서 이해할 수 있다. 실제로 그는 진효공의 태자 사가 법을 어기자 태자의 스승과 교관에게 코를 베어내고 얼굴에 먹을 뜨는 형벌을 가했다. 권귀를 가리지 않은 것이다. 이는 현재까지 법치의 대표적인 사례로 거론되고 있다.

춘추전국시대를 방불케 하는 21세기의 경제전에서 살아남으려면 신상필벌의 엄정한 법 집행을 전제로 부국강병을 추구하는 길밖에 없다. 요체는 최고통치권자의 강력한 결단이다. 21세기 경제전의 야전사령관에 해당하는 기업 CEO도 하등 다를 게 없다. 아무리 서구식 민주 경영 방식을 택할지라도 최종 단계에서는 사령탑의 고독한 결단을 뜻하는 독재를 행할 수밖에 없다. 《상군서》는 이를 '독제獨制'와 '군단君斷'으로 표현했다. 난세의 정도가 심할수록 사령탑이 신속하고 단호하게 결단해야 난관을 돌파해나갈 수 있다는 취지였다.

위기상황일수록 국가든 기업이든 사령탑의 고독한 결단을 뜻하는 독재의 요구 수위는 더욱 높아질 수밖에 없다. 강고한 의지와 단호한 결단, 불퇴전의 추진력이 필요하기 때문이다. 그러지 못할 경우 나라와 기업 모두 일순 혼란에 빠지게 된다. '쾌도참마'의 고독한 결단은 난세 타개의 관건에 해당한다. 삼국시대 당시 원소와 유표 등은 이를 제대로 하지 못해 패망했다.

《상군서》가 군주의 고독한 결단인 군단을 촉구한 것도 이런 맥락에서 이해할 수 있다. 중국의 역대 고전 가운데 처음부터 끝까지 부국강병 전략 일색인 것은 오직 《상군서》밖에 없다. 부국강병의 견인차 역할을 하는 기업 CEO를 비롯해 부국강병 업무에 종사하는 사람들 모두 《상군서》에 나오는 '군단'의 이치를 깊이 헤아릴 필요가 있다.

제8강

훗날의 보물을 읽어라

여자의 기화계

●

奇貨計

여불위와 이인의 만남

원래 진시황의 조부는 안국군安國君 영림嬴林이다. 그는 적자를 두지 못했는데 뒤늦게 태자의 자리에 오르기도 했고, 초경양왕의 딸로 태자비가 된 화양부인華陽夫人이 총애에도 불구하고 아들을 낳지 못한 탓이다. 안국군은 총희들과의 사이에서 모두 20여 명의 아들을 두었다. 이들 가운데 하희夏姬의 소생인 이인異人이 있었다. 그는 안국군의 둘째 아들이었다.

이인은 기원전 279년에 맺어진 진소양왕과 진혜문왕의 민지澠池화약으로 인해 조나라에 볼모로 간 후 20년 넘게 인질로 잡혀 있었다. 생모 하희가 안국군의 총애를 크게 받지 못한 탓이다. 진나라가 여러 차례에 걸쳐 조나라에 쳐들어오자 조나라 사람들의 이인에 대한 태도는 날이 갈수록 험악해졌다. 조효성왕은 이같이 말하기도 했다.

"과인은 진나라에 대한 분노를 참을 수 없다. 볼모인 진나라 왕손 이인을 당장 죽여버려라!"

평원군平原君 조승이 만류했다.

"왕손 이인은 진나라에서 버림받은 사람이나 다름없습니다. 그런 사람을 죽여봐야 무슨 도움이 되겠습니까? 공연히 진나라에 침공 구실을 만들어줄 뿐입니다. 차라리 그대로 두었다가 요긴할 때 이용하는 것이 나을 것입니다."

화를 참지 못한 조효성왕이 좌우에 분부했다.

"앞으로 이인이 함부로 바깥출입을 못하도록 엄중히 지켜라. 또한 지금까지 이인에게 대주던 비용도 대폭 삭감하도록 하라."

이로 인해 이인은 모든 것이 풍족치 못했다. 수레와 의복은 말할 것도 없고 거처 또한 곤궁하기 그지없었다. 수레가 없어 어디를 가려해도 늘 걸어다녀야만 했다.

당시 여불위는 부친과 함께 열국을 돌아다니며 물건을 싸게 사서 비싸게 파는 수완을 발휘해 거만금을 벌어들인 탓에 난세의 전시 상황을 절묘하게 이용할 줄 알았다. 전국에 깔린 지점망을 통해 전시 물자의 수급을 마음껏 농단壟斷하기도 했다.

하루는 여불위가 한단의 거리로 나갔다가 돌아오는 도중에 우연히 왕손 이인을 보게 되었다. 귀인의 상이었다. 얼굴은 백옥 같고,

입술은 붉은 빛이 완연했다. 비록 남루한 옷을 걸치기는 했으나 귀인의 기상이 완연했다. 여불위가 내심 탄복하며 말했다.

"나는 지금껏 이런 귀인의 상을 본 적이 없다. 참으로 묘한 일이다."

지나가는 행인에게 물었다.

"혹시 저 사람이 누구인지 알고 있소?"

"저 분은 진나라 태자 안국군의 아들인 왕손 이인이오. 지금 우리 조나라에 볼모로 잡혀와 있소. 진나라 군사가 자꾸 조나라 경계를 침범하자 한때 대왕은 그를 죽이려고까지 했소. 겨우 목숨을 구하기는 했으나 워낙 지원이 넉넉하지 못해 곤궁한 삶을 살고 있소."

여불위가 중얼거렸다.

"이는 기화奇貨다. 가히 쌓아두었다가 팔면 커다란 이익을 얻을 것이다!"

여불위는 값이 쌀 때 물건을 사두었다가 값이 극한으로 치솟을 때 되파는 일에 이골이 난 농단의 대가였다. 여불위는 황급히 집으로 돌아가 부친에게 물었다.

"농사를 지으면 몇 배의 이익을 볼 수 있습니까?"

"10배의 이익을 얻을 것이다."

"구슬이나 옥 같은 보물을 파는 장사를 하면 몇 배의 이익을 볼 수 있습니까?"

"아마도 100배의 이익을 얻을 것이다."

"만일 한 사람을 도와 일국의 군왕이 되게 하면 그 이익이 얼마나 됩니까?"

부친이 껄껄 웃었다.

"참으로 그리 하면 그 이익은 헤아릴 수 없을 것이다."

여불위가 말했다.

"지금 뼈 빠지게 농사를 지어도 추위에 떨지 않고 배를 굶지 않는 것조차 어려운 상황입니다. 그러나 지금 나라를 세우고 군왕을 옹립하면 그 혜택이 대대로 남을 것입니다. 지금 진왕의 서손인 이인이 조나라의 인질이 되어 요성聊城에 머물고 있습니다. 저는 그곳으로 가서 그를 모시고 싶습니다."

여불위가 곧 요성에 있는 이인을 찾아가 말했다.

"제가 왕손의 집 문 앞을 성대하게 만들어드리겠습니다."

이인이 웃으며 말했다.

"그대의 집 문 앞이나 성대하게 만드시오."

"이는 왕손이 잘 모르고 하는 말씀입니다. 저의 집 문 앞은 왕손의 집 문 앞이 성대해진 뒤에야 비로소 성대해질 수 있습니다."

이인은 여불위가 말하는 바를 곧바로 알아채고는 그와 자리를 함께하며 속에 있는 말을 나눴다. 여불위가 말했다.

"진왕은 늙었습니다. 태자는 화양부인을 사랑하지만 부인에게는 아들이 없습니다. 왕손의 형제들은 20여 명이나 됩니다. 그중 왕손의 이복 형인 자혜子傒가 가장 유력합니다. 그는 진나라의 왕업을 이어받게 되어 있는데다가 승상인 사창士倉의 도움을 받고 있습니다. 자혜가 가장 유력한 것은 그의 생모가 궁중에 있기 때문입니다. 그러나 그대가 내 계획을 받아들여 귀국하길 원하면 장차 진나라를 차지할 수 있습니다."

"어찌해야 좋겠소?"

여불위가 대답했다.

"적자로 후사를 세울 수 있는 사람은 화양부인 뿐입니다. 저는 비록 가난하지만 천 금으로 그대를 위해 서쪽 진나라로 가고자 합니다. 제가 왕손을 후계자로 만들어놓겠습니다."

며칠 후 여불위가 왕손 이인을 만나 500금을 건네주었다.

"이 돈으로 좌우에 있는 사람들과 빈객들을 사귀십시오."

왕손 이인이 500금을 뿌리며 많은 사람과 교제했다. 여불위는 다시 500금으로 기이한 보물과 아름다운 노리개를 산 뒤 이를 들고 서쪽 진나라로 갔다.

이인의 귀국

안국군의 정실인 화양부인에게는 언니가 있었다. 언니도 초나라에서 진나라로 시집와 살고 있었는데, 여불위는 함양에 도착하자마자 화양부인의 언니를 뇌물로 회유했다. 화양부인의 언니가 궁으로 들어가 여불위가 갖고 온 보석함을 화양부인에게 전한 뒤 돌아와서는 여불위에게 다녀온 경과를 이야기했다.

여불위가 물었다.

"화양부인은 슬하에 자녀를 몇이나 두었습니까?"

"화양부인은 태자의 총애를 입고 있지만 어쩐 일인지 아직 왕자를 생산치 못하고 있소."

여불위가 말했다.

"무릇 미색으로 사람을 섬기는 자는 미색이 쇠하면 받던 총애도 줄어드는 것을 피할 수 없습니다. 지금 화양부인이 비록 총애를 받고 있으나 아들이 없으니 효성스러운 자를 골라 적자를 만들어두느니만 못합니다. 이때 화양부인이 이인을 발탁하면 이인은 없던 나라가 생기고, 화양부인은 없던 아들이 생기는 셈입니다. 그렇게 된다면 그 복이 면면히 이어질 것입니다."

이튿날 화양부인의 언니가 다시 궁으로 들어가 동생인 화양부인에게 여불위의 말을 그대로 전했다. 화양부인이 크게 탄식했다.

"나 또한 내 앞날에 대해 늘 근심하던 중이었소."

하루는 화양부인이 남편인 태자 안국군과 함께 술을 마시다가 문득 흐느꼈다. 안국군이 연유를 묻자 화양부인이 울음을 그치고 이같이 대답했다.

"이 몸은 천행으로 남편인 태자를 모시게 되었으나 불행히도 소생이 없습니다. 지금 이인은 뛰어나게 현명해 오가는 사람들이 모두 그를 칭찬하고 있습니다. 원컨대 이인을 적자로 삼도록 허락해주십시오."

안국군이 적당한 때를 보아 이인을 데려올 것을 청하자 진소양왕이 거절했다. 화양부인의 언니가 이를 여불위에게 전하자 여불위는 곧바로 뇌물을 써서 진소양왕 왕후의 동생인 양천군陽泉君과 접촉했다. 양천군은 진소양왕으로부터 커다란 신임을 얻고 있었다. 결국 왕후가 진소양왕에게 연일 왕손 이인을 데려올 것을 조르자 진소양왕이 마침내 이를 허락했다. 이후 여불위는 조나라 대신들을 상대로 황금을 뇌물로 쓰면서 백방으로 이인의 귀국을 위해 노력했다. 진시황의 천하통일이 가능케 된 역사적 배경에 여불위의 공이 매우 컸다.

여불위의 '평생의 계획'

왕손 이인이 귀국할 당시 진나라 조정은 매우 급박하게 돌아가고 있었다. 진시황의 증조부인 진소양왕이 재위 56년 만에 죽고, 태자인 안국군安國君이 진효문왕秦孝文王으로 즉위했으나 즉위 1년 만에 급작스럽게 죽은 데 따른 것이었다. 덕분에 여불위의 전폭적인 지원으로 태자가 된 이인이 보위에 오르게 됐다.

왕손 이인은 진나라로 귀국할 때 초나라 출신인 화양부인의 환심을 사기 위해 이름을 자초子楚로 바꿨다. '초나라의 자식'이라는 뜻이었다. 진시황이 역사 무대의 전면에 등장하게 된 근본 배경은 천하의 거상巨商 여불위와 불우한 왕손 이인의 합작에서 비롯됐다. 결과론적인 얘기지만 두 사람의 만남은 5백여 년에 걸친 춘추전국시대의 난세를 종식시키는 결정적인 계기로 작용했다.

당초 진효문왕이 즉위 1년 만에 죽었을 때 태자 자초는 진장양왕

秦莊襄王으로 즉위하면서 자신의 즉위에 결정적인 공을 세운 여불위를 승상으로 삼았다. 최초로 상인 출신 정승이 탄생한 것이다. 그러나 공교롭게도 진장양왕 역시 재위 3년 만에 죽었다. 마침내 태자 정政이 즉위했다. 그가 바로 진시황이다.

진왕 정은 여불위를 승상에서 상국相國으로 높이고, 작은 아버지를 뜻하는 중부仲父라 불렀다. 전무후무한 일이었다. 그러나 진시황 10년인 기원전 237년, 여불위는 조태후의 음행에 관련돼 있다는 사실이 들통 나 파면되고, 2년 뒤 강압에 의해 자진하고 말았다. 욕심이 화를 부른 것이다.

당초 여불위는 뛰어난 상술을 자랑한 부친 밑에서 자연스레 교역을 통한 치부致富의 이치를 터득했다. 불우한 처지에 있던 진나라 공자 이인을 설득해 천하를 건 도박에 성공한 근본 배경이다. 사람에 대한 투자가 가장 수지맞는다는 항간의 얘기를 증명한 셈이다.

"1년의 계책으로 곡식을 심는 수곡樹穀보다 나은 게 없고, 10년의 계책으로 나무를 심는 수목樹木보다 나은 게 없고, 평생의 계획으로 사람을 심는 수인樹人보다 나은 게 없다. 한 번 심어서 한 번 수확하는 것은 곡식이고, 한 번 심어 열 번 수확하는 것은 나무고, 한 번 키워 백 번 수확할 수 있는 것은 사람이다. 내가 정성을 다해 사람을 키우면 그 교묘함이 마치 귀신이 인재를 부리는 것과 같게 된다. 대업을 이루고자 할 때 사람을 귀신처럼 부릴 수 있는 자만이 '왕자王者의 문' 안으로 들어갈 수 있다(《관자》〈경언輕言〉'권수權修')."

'평생의 계획'은 당대뿐만 아니라 대대손손 이어갈 수 있다는 뜻이다. 사람에 대한 투자를 이처럼 잘 설명한 구절도 없다. 결과적으로 여불위는 이런 이치를 몸으로 증명한 인물이다.

수인의 달인, 여불위

사가들은 통상 전국시대를 주위열왕 23년의 기원전 403년부터 진 시황 26년의 기원전 221년까지로 잡는다. 북송대의 사마광이 《자치통감》에서 주장한 기준에 따른 것이다. 사마광은 주위열왕이 진晉나라를 세 개로 나눈 한韓, 위魏, 조趙 3가三家를 제후로 봉한 사실에 주목해 주위열왕 23년을 전국시대의 시점始點으로 잡았다. 이때부터 7개 대국이 본격적인 대결을 펼쳤다. 이들을 '전국7웅'이라고 한다. 이는 후대인이 《문선文選》에 실린 장형張衡의 〈동경부東京賦〉에 나오는 '7웅병쟁七雄竝爭'이라는 구절에서 따온 것이다.

'전국7웅'은 약 2백 년간에 걸쳐 천하를 거머쥐기 위해 치열한 공방전을 전개했다. 전국시대 내내 자웅을 겨뤘던 나라는 제齊, 진秦, 초楚 3국이었다. 초기만 해도 위나라와 조나라가 위세를 떨쳤다. 그러나 두 나라는 영토도 작고 인민의 수도 많지 않아 한계가 있었다. 뒤이어 등장한 제, 진, 초 3국은 뭉치고 흩어짐을 거듭하며 천하의 주도권을 놓고 치열한 각축을 벌였다. 대략 제나라와 초나라가 서로 협력하여 진나라에 저항하는 구도로 전개되었다. 진나라가 시종 두 나라의 연맹구도를 와해시키는 데 모든 노력을 경주한 이유다.

이때 진나라가 내세운 것이 바로 장의張儀의 연횡連衡 계책이었다. 이는 진나라와 대등한 외교 관계를 맺어 국가의 유지를 도모하는 계책을 말한다. 그러나 실은 진나라가 6국을 병탄하고자 하는 속셈을 교묘히 포장한 것에 지나지 않았다. 나머지 6국이 이내 그 속셈을 알고 소진蘇秦의 합종合縱 계책으로 맞섰다. 합종은 제나라와 초나라의 연맹체제를 기축으로 하여 나머지 한, 위, 조, 연 4국이 이에 가담해 공동전선을 펼치는 게 골자다. 진나라의 중원 진출을 저지하는 게 기본 책략이었다. 소진의 활약으로 나머지 6국이 합종하게 되자 실제로 진나라는 중원으로 진출하기는커녕 오히려 6국의 서진을 두려워해야만 하는 상황이 연출됐다.

이처럼 전국시대는 가히 '종횡가의 시대'라고 할 만큼 뛰어난 유세객들이 종횡무진 활약한 시기다. 이들은 원래 유가와 법가, 도가, 병가 등과 달리 뚜렷한 사상적 기반을 갖고 있는 사상가들이 아니었다. 이들은 변화무쌍한 시변에 재빨리 적응해 주어진 상황 속에서 가장 유리한 선택지를 찾아내는 데 탁월한 재능을 발휘했다. 이는 전국7웅이 다투어 이른바 '양사養士'에 나선 사실과 밀접한 관련이 있다. 양사는 봉건질서가 사실상 와해된 상황에서 세습귀족을 대신할 새로운 세력을 키운다는 뜻이다. 대상은 '사인士人'이었다. 이들은 대부분 경제적 능력은 취약했으나 자신들이 습득한 학문을 자산 삼아 말 한마디로 일약 재상의 반열에 오를 수 있는 시대적 조류에 적극 편승했다. 이런 시류 편승에 성공한 인물이 바로 소진과 장의, 범수范雎, 채택蔡澤 등이었다.

이들 종횡가들은 능란한 변설로 제후들을 설득할 경우 일거에 입신할 수 있었다. 그러나 당시 아무리 뛰어난 지략을 지녔다 할지라도 군주를 직접 만나 유세하는 게 그리 쉬운 일은 아니었다. 이로 인해 이들은 중개인 역할을 해줄 세도가에 몸을 기댄 채 기회를 엿보는 노선을 선택했다. 이는 유세객들을 이용해 권력을 탈취하거나 유지하고자 하는 세도가의 이해와 맞아 떨어졌다. 세도가의 양사가 횡행하게 된 배경이 바로 여기에 있다.

전국시대에 양사를 통해 숱한 일화를 남긴 세도가가 바로 '전국4공자戰國四公子'다. 이들은 왕족의 서얼들로 비록 왕위를 차지하지는 못했으나 종횡가인 세객들을 식객으로 거느리며 이들의 지략을 이용해 작게는 자신들의 세력을 공고히 하고, 크게는 국난 타개의 선봉을 자처했다.

전국4공자 가운데 대표적인 인물은 바로 맹상군 전문田文이다. 그는 제위왕의 후손으로 3천 명의 식객을 거느리며 계명구도鷄鳴狗盜 같은 숱한 일화를 남겼다. 평원군 조승趙勝은 조혜문왕의 동생으로 상국이 된 후 모수자천毛遂自薦 등의 많은 고사를 남겼다. 신릉군 무기無忌는 위소왕의 아들로 조나라의 한단이 진나라에 포위되었을 때 이를 구해줌으로써 절부구조竊符救趙의 고사를 남겼다. 박학다식했던 춘신군 황헐黃歇은 초경양왕을 섬기며 능란한 외교술로 초나라를 합종의 맹주로 끌어올리면서 25년 동안이나 초나라의 재상직을 역임했다.

세객과 세도가의 결합은 여불위와 진시황의 부친인 이인 자초의 만남에서 절정을 이뤘다. 여불위는 비록 세객은 아니었으나 신분상의 한계를 뛰어넘기 위해 세객과 똑같은 심경을 지니고 있었다. 자초 또한 비록 세도가는 아니었으나 유사시 보위를 거머쥐고자 하는 야심을 품고 있었다. 두 사람의 절묘한 만남은 진시황의 탄생을 가능케 했고, 마침내는 진나라의 천하통일로 귀결되었다.

여불위와 자초의 만남, 뒤이은 진시황의 출생은 기본적으로 기이한 재화를 단박에 알아보고 과감한 투자에 나선 여불위의 '기화가거奇貨可居' 안목에서 비롯됐다. 이는 말할 것도 없이 고금동서의 모든 투자 가운데 가장 큰 이익을 남길 수 있는 것이 바로 사람을 심는 '수인樹人'에 있다는 사실을 통찰한 데 따른 것이다.

사람들의 지혜를 써라

한자의 중지계

●

衆智計

공과 사를 구분하라

한비자 사상에서 가장 주목할 것은 '공公'과 '사私의' 영역을 엄히 나누어 체계적으로 정리한 점이다. 마키아벨리가 《군주론》에서 정치와 종교의 영역을 구분한 것에 비유할 만하다. 서구에서는 마키아벨리를 근대적 의미에서의 최초 정치학자로 분류한다. 한비자도 동일한 평가를 받을 만하다. 《한비자》의 전편을 관통하는 핵심이 무엇인지 한마디로 요약하면 바로 '공과 사의 영역 구분'이다. 이는 크게 네 가지로 구성되어 있다. 이회李悝에서 상앙으로 이어진 '법치'는 공과 사의 영역을 명확히 구분하기 위한 네 가지 방안 중 하나에 불과하다. 그밖에도 신불해의 '술치術治'와 신도의 '세치勢治'가 있다.

대다수 사람들이 이 세 가지 방안을 법가의 모든 것으로 알고 있다. 그러나 노자의 '도치道治'를 반드시 포함시켜야만 한다. 《한비자》에서 도치를 법가의 가장 이상적인 통치술로 삼고 있기 때문이다.

실제로 《한비자》는 도치와 법치, 술치, 세치를 거의 동일한 비중으로 다루고 있다. 다만 도치가 법치와 술치, 세치 등 법가의 3대 통치술을 모두 포함하는 상위 개념으로서 존재하고 있다는 점이 다를 뿐이다. 많은 사람이 이를 간과한 채 오직 법치와 술치, 세치만을 언급한다. 이들 4대 통치술을 하나로 요약한 것이 바로 '공과 사의 영역 구분'이다. 이를 '공사지변公私之辨'이라 한다.

공사지변에서 말하는 공과 사의 기준은 '권형權衡'이다. '권'은 저울추, '형'은 저울대를 뜻한다. 통상 양자를 묶어 권형이라 불렀는데 우리말의 저울에 해당한다. 《한비자》에서는 권형이라는 표현이 대부분 저울 또는 법도의 의미로 사용되고 있다.

"군주가 일의 경중을 잘 저울질하는 사람을 신중히 가려내 면 바깥쪽 일을 맡기면 세상의 가볍고 무거운 일에 대해 속임 당하는 일이 없을 것이다(《한비자》〈유도〉)."

《한비자》에서는 권형을 대개 '권'으로 축약해 표현했다. 문맥에 따라 권세와 권력, 권위, 위세 등 다양한 의미로 사용된다. 공사지변은 권력의 저울추를 누가 쥐고 있는지에 관해 모든 관심을 집중시킨다. 겉으로 드러난 모습은 공평한 저울의 모습을 지닌 '권형'이나 그 배경에는 공평한 잣대의 통용을 강제하는 막강한 힘인 '권력'이 자리 잡고 있다.

한비자가 초점을 맞추고 있는 것은 권형 자체가 아니라 그 이면에 자리 잡고 있는 권력이다. 권력은 저울이 사물의 무게를 달아 경중을 알아내듯이 '사람을 헤아려 취사선택할 수 있는 힘'이라는 뜻을 지니고 있다. 신하들을 임명하는 '인사대권人事大權'과 신하들이 집행한 업무의 공과功過에 따라 포상하고 처벌하는 '상벌권賞罰權'이 바로 권력의 핵심요소다.

《한비자》가 도치와 법치, 술치, 세치 등 네 가지 통치술을 두루 언급하고 있지만 이는 단 하나의 명제를 전제로 하여 나온 것이다. 인사대권과 형벌권을 신하들에게 결코 나눠주어서는 안 되며 오로지 군주가 장악하고 있어야 한다는 '군주전권君主專權'이 바로 그것이다. 군주전권이 곧 인사대권과 형벌권인 셈이다.

한비자가 역설한 공사지변은 국가 간의 총력전 양상을 보이는 21세기 경제전 상황에서 새삼 주목을 받고 있다. 엄격한 신상필벌 때문이다. 예나 지금이나 마찬가지지만 난세의 시기에 신상필벌을 제대로 시행하지 않으면 조직의 기강이 무너진다. 이는 공과 사가 뒤섞이는 것을 뜻한다. 국가든 기업이든 위기 국면에서 공과 사가 뒤섞이면 조직 자체가 이내 붕괴할 수밖에 없다.

한비자가 군권을 공권, 신권을 사권으로 규정한 근본적인 이유가 바로 여기에 있다. 이는 군주에게 천하를 사유물로 간주하라고 권한 게 아니다. 오히려 온몸을 내던져 천하를 감싸 안으라고 주문한 것이다. 그 비결은 바로 사람들의 지혜를 두루 활용하는 데 있다.

"한 사람의 힘으로는 여러 사람의 힘을 대적할 수 없고, 한 사람의 지혜로는 만물의 이치를 다 알 수 없다. 군주 한 사람의 힘과 지혜로 나라를 다스리는 것은 온 나라 사람의 힘과 지혜를 이용하는 것만 못하다. 군주 한 사람의 지혜와 힘으로 무리를 대적하면 늘 무리를 이룬 쪽이 이기게 된다. 설령 계략이 가끔 적중할지라도 본인 홀로 고단하고, 만일 들어맞지 않게 되면 그 허물은 온통 군주 홀로 뒤집어쓰게 된다. 하급의 군주인 하군은 오직 본인 한 사람의 지혜와 힘을 모두 소진하고, 중급의 군주인 중군은 사람들로 하여금 자신의 힘을 모두 발휘하게 하고, 상급의 군주인 상군은 사람들로 하여금 자신의 지혜를 모두 발휘하게 한다(《한비자》〈팔경〉)."

고금동서를 막론하고 주변에 뛰어난 현인을 스승 내지 친구로 둔 자만이 '상군'이 될 수 있다. 그 비결이 바로 사람들로 하여금 스스로 자신들의 지혜를 최대한 발휘하도록 분위기를 조성하는 데 있다.

중국시장에 승부를 걸어라

인간의 본성인 호리지성을 통찰한 한비자에게 난세는 인간의 호리지성이 여과 없이 드러나는 시기였다. 제자백가 중에서는 이를 가장 먼저 통찰한 인물로 춘추시대 초기 제환공을 도와 사상 첫 패업을 이룬 관중을 꼽을 수 있다. 그는 《관자》〈목민牧民〉에서 호리지성과 예의염치의 상호관계를 다음과 같이 요약했다.

"나라에 재물이 많고 풍성하면 먼 곳에 사는 사람까지 찾아오고,

땅이 모두 개간되면 백성이 안정된 생업에 종사하며 머물 곳을 찾게 된다. 창고가 가득 차야 백성들이 예절을 알고, 의식이 풍족해야 영욕榮辱을 알게 된다."

법가사상의 효시로 일컫는 관중이 《관자》 전편에 걸쳐 백성에게 이로움을 안기는 '이민'을 역설한 배경이기도 하다. 먹고사는 문제가 해결되어야 치국평천하를 이룰 수 있다는 지적이다. 한비자가 법치를 기치로 내세운 것도 바로 이 때문이다. 치국평천하는 먹고 입는 데서 출발한다는 관중의 입장은 《한비자》를 그대로 관통하고 있다. 《한비자》의 난세 리더십을 21세기 G2시대의 경제전에 그대로 적용할 수 있는 이유다.

오늘날 중국시장은 총칼 없는 경제전이 치열하게 전개되는 곳이다. 중국은 2001년 WTO 가입, 2008년 베이징 올림픽, 2010년 상하이 엑스포 개최, 2015년 AIIB 출범 등 21세기에 접어들면서 국가 브랜드가 크게 격상됐다. 인민의 국제화 수준도 전례 없이 높아졌다. 최고의 품질로 승부하지 않으면 살아남을 수 없게 된 것이다. 품질 경영이 미국보다도 더 치열하다. 중국의 잠재 소비력은 가공할 만하다. 전문가들은 중국 부호들의 가구수가 6~7년 사이 매년 20퍼센트 가까이 증가할 것으로 전망했다. 각종 인프라 확충으로 인해 그 증가 속도는 더욱 빨라질 것으로 예상된다.

이웃에 황금시장을 놓고 딴 곳을 기웃거릴 여유가 없다. 일각에서는 중국 경제에 너무 예속되는 게 아니냐는 우려를 내놓고 있지만 이는 한가한 소리에 지나지 않는다. 중국시장을 놓칠 경우 다른 곳에서 이를 만회할 길이 없다. 미국과 일본에 대한 수출액을 모두 합쳐도 대중 수출액에 미치지 못한다는 것이 그 증거다. 중국시장은 전 세계의 내로라하는 모든 기업이 '진점鎭占 승부'를 벌이는 곳이다. 여기서 이기지 못하면 다른 곳에서도 통할 리 없다. 필사즉생必死則生의 각오로 중국시장을 석권해야만 다른 곳에서의 선전도 기대할 수 있다.

그러나 현재 상황은 결코 녹녹치 않다. 2015년에 들어와 세계 스마트폰 시장에서 모토로라를 접수한 레노버가 중국 내수 1위를 차지한 샤오미를 제치고 세계 3위에 뛰어오르는 등 춘추전국시대를 방불케 한다. 삼성과 애플이 선진국 시장에서 격돌하는 사이 중국의 제조업체들이 3~4위를 석권하며 애플과 삼성의 틈새를 비집고 들어가고 있는 양상이다.

더 큰 문제는 경기 전망이 불투명해지자 대다수 기업들이 투자할 돈을 움켜쥔 채 기왕의 투자계획까지 거둬들이고 있다는 점이다. IT와 자동차 관련 대기업이 해외에 투자를 집중하는 바람에 국내 투자율이 부진한 점도 하나의 이유가 되고 있다. 한국은 미국과 달리 내수 기반이 약하기 때문에 기업 투자가 줄어들면 경제 전체가 위태로워진다. 자칫하면 저투자, 저생산, 저소득으로 이어지는 악순환의 덫에 걸릴지도 모른다. 복지와 '경제민주화'에도 속도 조절이 필요한 이유다.

기업들도 정치권만 탓할 게 아니라 자발적으로 혁신에 앞장설 필요가 있다. 자국에서 환영받지 못한 기업이 세계시장에서 통한 적이 있던가. 현재의 난국을 타개하기 위해서는 규모의 대소를 막론하고 '투 트랙'을 구사할 필요가 있다.

하나는 내수 침체만 탓하지 말고 지속적으로 국내 투자 규모를 늘리는 길이다. 비록 해외 공장보다 생산성이 떨어질지라도 과감히 투자 규모를 늘리면서 생산성 증대를 위한 노사협의를 지속적으로 펼쳐야 한다. 국내 공장이 무너지면 '둥지 없는 새' 신세가 되기 때문이다. "안에서 새는 바가지 밖에서도 샌다"는 우리말 속담처럼 안에서 잘 안 되는 사업이 밖에서 잘될 리 없다.

다른 하나는 시선을 해외로 돌려 적극적으로 새로운 시장을 개척해나가는 길이다. 이는 우리가 일본보다 유리하다. 지리경제학적으로 볼 때 일본보다 중국과 지리적으로 가깝기 때문이다. 물류 비용이 상대적으로 싸다는 점을 비롯해 여러모로 유리한 점이 많다.

세계적인 경기불황 속에서도 우리나라의 대중 수출이 약간 들쭉날쭉하기는 하나 증가 추세를 이어가고 있다. 자동차 등의 완제품을 비롯해 반도체와 스마트폰 부품 등 국내 제품의 대중 수출이 크게 늘었다. 여기에는 중일 간의 영토 분쟁으로 중국 내 일본 제품 점유율이 크게 떨어진 와중에 국내 기업들이 그 틈새를 파고든 게 주효했다. 한국 경제가 일본 경제를 추월할 수 있는 비결이기도 하다. 기술을 더욱 보완해 중국 업체들로 하여금 일본 부품 대신 한국 부품을 구매하게 만드는 게 관건이다.

여기에는 치밀한 전략이 필요하다. 중국의 전 역사를 개관하면 알 수 있듯이 만리장성의 장벽은 길고도 견고하다. 명나라 말기 후금의 누르하치는 막강한 기병대의 무력만 믿고 힘으로 만리장성을 돌파하려다가 포르투갈 상인으로부터 구입한 대포의 파편을 맞고 이내 병사했다. 그의 아들 청태종 홍타이지는 이와 정반대되는 방법을 택했다. 명나라의 내분을 틈 타 가장 견고한 관문으로 소문난 산해관山海關의 빗장을 열도록 한 것이다. 세계시장으로 부상한 중국의 내수시장을 뚫고 들어가는 비결도 여기서 힌트를 얻을 필요가 있다.

초경쟁 시대 중지의 필요성

미국과 중국의 각축으로 요약되는 G2시대의 앞날과 관련해 내로라하는 세계 석학들 사이에서도 견해가 팽팽히 엇갈리고 있다. 이런 와중에 지난 2013년 말 국내 유수 일간지의 경제면에 매우 흥미로운 인터뷰 기사가 실렸다. "미국도 한국도 중국을 멀리하라!"는 내용이었다. 미국은 그렇다 치고 대중국 무역을 통해 매년 5백억 달러 안팎의 흑자를 기록하고 있는 우리나라에 대해 중국시장을 멀리하라는 주장에 고개를 갸웃할 수밖에 없었다. 이런 주장을 편 사람은 '공격 경영' 전략의 대가로 일컬어지는 미국 다트머스대 경영대학원 교수 리처드 다베니Rechard D'Aveni다.

 그의 주장에 따르면 현대는 모든 것이 급변하는 '초경쟁' 시대다. 지속가능한 경쟁 우위가 존재하지 않는 만큼 변화의 주도권을 잡고 남들보다 한발 앞서 나감으로써 상대방이 나의 행동을 예측하지 못하게 만들어야 한다는 게 초경쟁 이론의 골자다. 리처드 교수는 지난 2012년에 펴낸 《전략적 자본주의》에서 정부가 시장에 적극적으로 개입해 국가 전체를 부자로 만드는 이른바 '전략적 자본주의'를 제시한 바 있다. 기존의 자유방임주의뿐만 아니라 자본의 재분배를 중시하는 사회자본주의, 관리자본주의, 박애주의 자본주의 등의 네 가지 유형을 결합해 활용하자는 주장이다. 이는 주주들의 압력으로 인해 기업 CEO들이 단기적인 이익에만 집중하는 미국식 주주자본주의의 문제점을 심각하게 인식한 결과다.

그의 이런 주장은 《손자병법》〈시계〉에서 말하는 이른바 '인리제권'의 이치와 취지를 같이한다. 유리하게 돌아가는 상황의 변화를 적극 활용해 싸움의 주도권을 장악하는 것을 말한다. 정병과 기병을 두루 섞어 쓰는 '기정병용'이 관건이다.

동서고금을 막론하고 어떤 정책이든 그 자체로 좋은 것은 없다. 시기에 부합하지 않으면 오히려 독이 될 수 있다. 난세에 치세의 논리를 고집하는 것은 굶주린 호랑이에게 고깃덩이를 내던지는 것이나 다름없다. 실제로 구한말에 조선의 사대부들은 일본의 사무라이들을 도이島夷로 깔보며 능히 공맹의 덕의德義로 설복시킬 수 있다고 떠벌이다가 나라를 패망으로 이끌고 백성을 어육魚肉으로 만들었다.

진시황이 《한비자》를 읽고 550년에 달하는 춘추전국시대의 난세 상황을 종식시킨 행보와 극명한 대조를 이룬다. 진시황의 천하통일은 한비자가 역설한 일련의 군주 리더십이 난세의 시기에 가장 적합하다는 사실을 최초로 확인시켜준 일대 사건에 해당한다. 미중이 한 치의 양보도 없이 격돌하고 있는 21세기 G2시대는 진시황과 한비자가 살던 시기와 사뭇 닮았다. 한비자의 난세 리더십이 또 한 번 위력을 발휘할 시간이 다가오고 있는 셈이다.

객관적으로 볼 때 향후 수십 년에 걸쳐 전개될 G2의 격돌은 동서 간의 진검 승부다. 그 한복판에 한반도가 있다. 현재 한반도를 둘러싼 주변 4강국의 갈등은 북한 위기로 인해 최고조로 치닫고 있다. 그러나 위기는 곧 기회이기도 하다 우리의 노력 여하에 따라 단군 이래 천재일우의 기회로 작용할 수도 있고, 남북이 공멸하는 최악의 상황을 맞이할 수도 있다. 전 국민의 지혜와 역량을 하나로 모아야 하는 이유다.

모든 것이 급변하는 21세기의 제4차 산업혁명 시대는 안방과 문밖의 구별이 사라진 까닭에 창의적이고도 융합적인 생각을 할 줄 아는 자가 필요하다. 한비자가 역설한 것처럼 중지의 필요성이 그 어느 때보다 커진 것이다. 잘만 하면 스티브 잡스처럼 기술과 예술을 결합시킨 아이폰 같은 '대박' 상품을 만들어 전 세계의 IT시장을 석권할 수 있다. 이는 모든 나라의 글로벌 기업들이 '창조융합형 인재'를 영입하는 데 혈안이 돼 있는 이유이기도 하다. 제4차 산업혁명 시대에 궁극적으로 살아남아 최후의 승리를 거둘 수 있는 관건이 바로 '중지의 수합收合' 여부에 달려 있는 셈이다.

· 제10강 ·

불퇴전의 각오로 임하라

항우의 파침계

破沈計

항우와 초한지제

〈항우본기〉는 진시황 사후 천하가 혼란스런 이른바 '초한지제楚漢之
際' 당시 젊은 나이에 과감한 결단으로 천하를 손에 틀어쥐고 제후
들을 호령한 항우項羽의 사적을 기록한 전기다. 바로 뒤에 나오는
〈고조본기〉와 비교할 때 사마천이 나름 연민의 정을 갖고 이를 편
제했음을 알 수 있다.

　〈항우본기〉는 모든 면에서 뛰어난 여건을 갖춘 자가 성공을 거둔
뒤 이내 급전직하急轉直下하여 천하의 웃음거리가 된 배경을 소상히
일러주고 있다. 일각에서 '성공학'과 대비되는 '실패학'의 기본 텍스
트로 〈항우본기〉보다 더 나은 게 없다고 말하기도 한다.

항우와 유방이 천하를 놓고 다투던 초한지제 당시 항우의 무공은 눈부실 정도로 휘황했다. 신출귀몰한 용병술이 특히 그러했는데, 그래서일까 그는 가는 곳마다 승리를 거뒀다. 7년간에 걸친 초한지제를 전반적으로 개관할 때 마지막 결전에서 패할 때까지 항우는 시종 우위를 유지했다. 유방은 항우의 '헛발질'로 어부지리를 취한 경우에 해당한다. 항우가 최후의 결전에서 패하기 전까지 보여준 뛰어난 용병술은 21세기 경제전에서도 그대로 써먹을 만한 것들이다. 다만 그가 최후의 결전에서 패한 것은 '타산지석'으로 삼아야 한다.

21세기 스마트 혁명시대의 관점에서 볼 때 항우가 발휘한 리더십의 뛰어난 면모는 크게 세 가지로 요약할 수 있다.

천하 경영의 웅지

첫째, 어렸을 때부터 천하 경영의 '웅대한 포부'를 지닌 점이다.

사서의 기록에 따르면 항우와 유방이 역사 무대에 등장한 것은 진승이 처음으로 반기를 든 기원전 209년 7월에서 꼭 두 달 뒤인 이해 9월이다. 그는 숙부인 항량項梁의 휘하 장수로 있었다. 항량은 초나라의 명문가 출신으로 그의 부친은 초나라 장수 항연項燕이다. 항연은 진시황이 천하를 통일하기 2년 전인 기원전 223년, 초나라 군사를 이끌고 진나라 군사와 결전을 치렀다. 이 싸움에서 왕전王翦이 이끄는 진나라 군사에게 패하면서 초나라도 이내 역사 무대에서 사라지고 말았다. 항량이 기병하기 14년 전의 일이다.

원래 항씨라는 성씨는 지금의 하남성 침구현인 항읍項邑에 봉해진 데서 나온 것이다. 위나라의 도성인 대량에서 동남쪽으로 약 160킬로미터 가량 떨어져 있다. 항우는 항씨 성의 유래가 되는 항읍에서 다시 280킬로미터 가량 떨어진 지금의 강소성 숙천현 서남쪽 하상下相에서 태어났다. 숙부인 항량이 하상으로 이주할 때 부친이 함께 이주한 결과다.

항우가 어렸을 때부터 얼마나 큰 뜻을 품고 있었는지, 하루는 숙부 항량이 책을 읽지 않는 모습을 꾸짖자 이같이 항변했다.

"글이란 원래 사람의 이름을 쓰는 것만으로도 충분합니다. 검 또한 한 사람만을 대적할 수 있을 뿐이니 족히 배울 만한 게 못됩니다. 저는 만인을 대적하는 방법을 배울 생각입니다!"

'만인을 대적하는 방법을 배우다'의 원문은 '학만인적學萬人敵'이다. 이는 항우가 어린 나이에 '무武'의 기본 취지를 통찰했음을 보여준다. 실제로 《사기》의 기록을 보면 항우의 용병술이 매우 뛰어났음을 알 수 있다. 어떤 면에서는 배수진 등을 구사해 병법의 귀재로 통한 한신을 능가했다. "병법의 뜻을 알고는 끝까지 배우려고 하지 않았다"는 〈항우본기〉의 구절도 이런 맥락에서 풀이하는 게 옳다. 병법을 공부하다가 중단했다는 의미가 아니라 세세한 전술보다는 기본 골자에 해당하는 전략의 의미를 천착하는 데 치중했다는 뜻이다. "글이란 원래 사람의 이름을 쓰는 것만으로도 충분하다"는 구절

역시 결코 항우가 독서를 멀리했다는 주장의 근거가 될 수 없다. 서생 수준의 글 읽기는 의미가 없다는 취지로 풀이하는 게 문맥에 부합한다.

후대에 항우를 두고 불학무식不學無識하다는 얘기가 나온 것은 한나라가 등장한 후 황실에 아첨하려는 자들이 의도적으로 퍼뜨린 유언비어일 공산이 크다. 〈항우본기〉에는 "항우의 재기才氣가 보통 사람을 뛰어넘는 탓에 오현의 자제子弟들이 그를 모두 두려워했다"고 기록되어 있다. '재기'는 재치를 뜻한다. 머리가 좋아야 가능한 일이다. 항우는 문무를 겸비한 타고난 무인이었음에 틀림없다.

파부침주의 결단

둘째, 반드시 승리를 거두겠다는 필사의 각오와 단호한 결단이다.

항우의 일생 가운데 가장 빛나는 대목은 총사령관 송의宋義의 목을 베고 황하를 건너간 뒤 진나라의 명장 장함章邯이 이끄는 진나라 정예군을 거록鉅鹿에서 격파한 일이다. 이를 흔히 '거록대전'이라고 한다. 진나라가 사실상 패망한 날이라고 보아도 큰 무리가 없다. 그의 단호한 결단이 돋보이는 성과였다. 겉으로만 보면 일종의 하극상이기는 하나 당시의 정황을 감안할 필요가 있다.

〈항우본기〉에 따르면 항량이 장함의 진나라 군사에게 패사한 뒤 초회왕이 항량의 군사를 항우가 아닌 송의에게 넘겨주었다. 항량의 그늘에서 벗어나고자 한 것이다. 항우의 입장에서 보면 배은망덕한 일이었다. 초회왕은 항량이 발탁하지 않았으면 계속 초야에 묻혀 양이나 치는 목동으로 살았을 것이기 때문이다. 항우의 눈에는 머슴이 안방을 차지한 것으로 비쳤을 공산이 크다.

당시 초회왕과 손을 잡은 인물이 바로 송의와 유방이었다. 초회왕이 진나라의 도성인 함양에 먼저 입성하는 자를 관중왕에 봉하겠다고 공언한 것도 바로 이 두 사람을 염두에 둔 것이었다. 연합군을 이끄는 송의에게 함곡관函谷關을 통한 정면 돌파를 명하면서, 유방에게는 따로 별동대를 이끌고 가서 재빨리 관중에 입성할 것을 당부했다. 부사령관 격인 차장次將에 임명된 항우도 대략 이를 짐작하고는 있었다. 그러나 숙부인 항량의 급작스런 전사를 틈타 전격적으로 군사지휘권을 장악한 초회왕을 어찌할 수는 없었다.

초회왕이 함양 입성을 전제로 송의와 유방에게 관중왕 책봉의 미끼를 던진 것은 나름 두 가지의 큰 노림수가 있었다. 하나는 보위를 굳건히 하는 전기를 마련한 점이다. 장수들 앞에서 '관중왕'을 상으로 내건 것은 곧 군명君命의 집행력이 담보됐다는 의미다. 성공하면 좋고, 실패할지라도 최소한 제장들의 충성 경쟁을 부추겨 보위를 튼튼히 하는 부수적인 효과를 기대할 수 있었다. 다른 하나는 군권君權 유지의 최대 걸림돌인 항우에 대한 견제의 구실을 찾은 점이다. 초회왕은 애초부터 항우를 견제하기 위해 유방을 관중왕에 봉하려는 속셈을 갖고 있었다. 유방은 이런 초회왕의 적극적인 배려에 힘입어 남쪽 무관武關을 통해 먼저 함양에 입성할 수 있었던 것이다.

〈고조본기〉에 따르면 기원전 208년 10월, 송의가 지금의 산동성 조현인 안양安陽에 이르자 무려 46일 동안 그곳에 머물며 앞으로 나아갈 생각을 하지 않았다. 이는 항우도 전혀 예상치 못한 일이었다. 병가에서 가장 꺼리는 것은 결단하지 않고 우물쭈물 대는 것이다. 당시 송의는 자신의 아들을 제나라의 재상으로 보내게 된 것을 크게 기뻐하며 전쟁을 수행하는 과정인데도 불구하고 친히 아들을 전송하는 성대한 연회를 베풀었다. 더 한심한 것은 송의 자신이 진탕 마시며 흥겨워하는 사이 병사들이 추위에 떨며 배를 곯았다는 점이다. 공교롭게도 그날 날씨가 차고 비까지 많이 내렸다.

이해 11월, 항우는 아침 일찍 상장군 송의의 장막 안으로 들어가 배견하는 자리에서 불쑥 칼을 뽑아 그의 머리를 베었다. 그러고는 곧 장병들을 모은 뒤 피가 뚝뚝 흐르는 그의 머리를 손에 든 채 큰소리로 다음과 같이 말했다.

"송의가 제나라와 모의해 우리 초나라를 배반했다. 이에 초왕이 나에게 밀명을 내려 그를 주살토록 했다."

〈항우본기〉에 따르면 당시 제장들 모두 크게 두려워하며 이구동성으로 항우의 거사를 칭송했다고 한다. 항우는 곧 사람을 시켜 송의의 아들 송양을 추격해 목을 베게 한 뒤 이를 초회왕에게 보고했다. 초회왕은 경악했으나 이미 끝난 일이었다. 천하의 절반 가량이 항우의 손에 들어온 셈이다.

이때 항우는 또 한번 결단하는 모습을 보인다. 전군에 명을 내려 속히 황하를 건너도록 한 뒤 도하가 끝나자마자 배에 구멍을 뚫어 모두 침몰시키고, 취사용 솥과 시루를 모두 깨뜨리게 한 것이다. 이른바 '파부침주破釜沈舟'다. 장병들로 하여금 필사의 각오로 싸울 것을 촉구한 것이다. 예나 지금이나 필사의 각오는 장수가 앞장서서 보여주어야 효과가 있는 법이다. 그래야만 전 장병이 죽기를 각오하고 싸우는 결사대로 거듭날 수 있다.

거록대전의 승리

셋째, 설득을 통한 승리다.

항우의 일생에서 가장 빛나는 거록대전은 진나라의 장수 왕리를 생포한 것에서 시작됐다. 이는 국지전 승리에 불과했다. 당시 총사령관인 장함은 나름 군사를 차분히 정비하며 결전을 준비하고 있었다. 항우는 장함의 주력군을 격파해야만 비로소 완벽한 승리를 거둘 수 있었는데, 이를 설득을 통해 이뤄냈다. 장함의 투항은 왕리를 생포한 지 여섯 달 뒤인 기원전 207년 7월에 실현됐다.

"왕리의 군사가 이미 복몰覆沒하기는 했으나 장함은 극원棘原에 주둔하며 항우의 진군을 가로막고 있었다. 항우는 장수漳水의 남쪽에 주둔하고 있었다. 양측 모두 서로 굳게 지키며 교전을 피했다."

장수의 실력이 비슷하고 보유한 병력이 서로 필적할 경우 선불리 움직이면 오히려 불리하다. 이때 조나라의 장수 진여陳餘가 장함에게 투항할 것을 권하는 서신을 보냈다. 진나라 조정이 어지러운 만큼 아무리 충성을 다할지라도 결국 모함을 당해 비참한 죽음을 맞이할 수 있으니 속히 투항하라는 게 글의 요지였다. 말할 것도 없이 투항에 따른 후한 포상도 언급해놓았다. 사서에는 명백한 기록이 없으나 이 서신은 진여가 항우와 상의하고 보낸 것으로 추정된다.

이해 7월, 항우와 장함이 원수洹水의 남쪽 은허殷墟에서 맹약했다. 맹약이 끝나자 장함이 항우 앞에서 눈물을 흘리며 함양의 혼란스런 정황을 얘기했다. 항우가 장함을 위로하며 그를 옹왕雍王에 임명했다. '옹'은 관중을 뜻한다. 장함을 임의로 관중왕에 봉한 것이다.

초한지제 당시 항우가 세운 전공은 매우 많으나 후대인들은 거의 예외 없이 거록대전을 언급하며 칭송을 멈추지 않는다. 가장 빛나고 화려한 승리였기 때문이다. 거록대전의 승리로 진나라는 사실상 항복한 것이나 다름없었다. 진나라 내부의 갈등이 최고조에 달해 조고가 2세 황제를 살해하고 자영을 옹립하는 일이 빚어진 것이다. 자중지란自中之亂이었다. 항우는 투항한 장함을 앞세워 함양으로 진격했다. 진나라 관원들이 앞다퉈 합류했다. '설득'을 통한 적장의 투항이 어떤 효과를 거두는지를 여실히 보여준 사례다.

사면초가, 그리고 최후의 결전

항우가 백전백승을 거두다가 마지막에 패하고 말았다. 매사가 그렇듯이 최후의 결전에서 승리를 거둬야 완벽하게 이긴 게 된다. 결과적으로 어렵게 손에 넣은 천하를 유방에게 거저 상납한 꼴이 됐다. 한신이 막판에 유방 쪽에 붙은 게 결정적이었다.

당시 항우의 군사는 한신에게 일격을 받고 이내 진성陳城에서 농성에 들어갔다. 진성은 항우가 어린 시절을 보낸 항씨 전래의 본향인 항성項城에서 매우 가까운 곳이기도 했다. 불과 5년 전 거록전투에서 천하무적을 자랑하는 장함의 진나라 군사를 대파하고, 4년 전에는 서초의 패왕이 되어 천하를 호령했던 항우가 상황이 역전돼 고향 인근에서 농성을 벌이는 초라한 신세로 전락하고 만 것이다.

"항왕이 진하에 방벽을 쌓고 한나라 군사를 막았다. 병사는 적고 식량도 떨어졌다. 한나라와 여러 제후들의 군사가 몇 겹으로 에워쌌다. 어느 날 밤 진성을 사면으로 포위한 한나라 군사 진영에서 초나라 노래가 들려왔다."

여기서 사방이 적으로 둘러싸인 고립무원의 상태를 뜻하는 '사면초가四面楚歌' 성어가 나왔다. 〈항우본기〉에는 당시 항우가 동쪽 오강烏江까지 달아났다고 기록되어 있다. 지금의 안휘성 화현和縣에 해당한다. 결국 그는 스스로 목을 찔러 비참한 최후를 맞이했다.

인화 없이 대업을 이룰 수 없다

예로부터 건달 출신 유방보다 모든 면에서 뛰어났던 항우가 패망한 원인을 두고 여러 얘기가 나왔다. 항우는 어느 면에서 보나 유방과 비교가 안 될 정도로 배경이 좋았다. 명문가 집안에서 태어나 반진反秦 연합군의 우두머리가 된 항량과 같은 인물을 숙부로 둔 것 등이 그렇다. 그러한 배경 탓에 출세가 빠를 수밖에 없었다. 게다가 그는 '천시'를 최대한 활용할 줄 아는 수완이 있었다. 또한 반진의 기운이 가장 높았던 초나라 출신인 까닭에 '지리'도 얻었다. '인화'만 얻으면 삼박자가 맞아떨어지는 셈이었다.

아무리 '천시'와 '지리'를 얻었을지라도 본인 스스로 과감히 나서서 '인화'를 이루지 못하면 모든 게 허사가 되고 만다. 거록대전 당시 그는 과감한 결단으로 승리를 낚아 천하를 손에 넣을 수 있었다. 자신의 장점을 최대한 살려 성공을 거둔 것이다.

그런데도 그는 결국 유방에게 천하를 내주고 말았다. 많은 사람이 항우의 리더십을 재조명하면서 가장 의문을 제기하는 부분이다. 천하는 넓다. 결코 혼자의 힘으로는 얻을 수도 다스릴 수도 없다. 아무리 출중한 인물일지라도 천하 인재들의 도움을 얻어야만 가능한 일이다. 그러기 위해서는 늘 스스로 겸양한 자세로 인재를 모으고, 최후의 승리를 거둘 때까지 긴장을 늦춰서는 안 된다.

항우는 자신의 능력과 성과에 도취한 나머지 다른 사람들의 지혜와 용기를 빌릴 생각을 하지 못했다. 일개 건달 출신에게 천하의 강산을 고스란히 상납한 근본적인 이유다.

민심을 적극 반영하라

유방의 민심계

●

民心計

건달과의 정략결혼

〈고조본기〉는 최초의 평민 출신 황제인 한고조 유방의 사적을 다룬 전기다. 여기에는 여타 '본기'와 달리 신화적인 얘기들이 많이 삽입 돼 있다. 모두 한나라의 창업주인 유방을 미화한 내용이다.

그렇다고 사마천이 유방을 일방적으로 칭송한 것은 아니다. 비록 정면으로 비판하지는 않았으나 다양한 인물들의 입을 통해 유방의 야비한 행보를 신랄히 비판하고 있다. 대표적인 것이 바로 공신들 을 무참히 도살한 토사구팽 행보다. 유방이 행한 토사구팽은 춘추 시대 말기 월왕 구천이 책사 문종을 제거하고, 명태조 주원장이 공 신을 가차 없이 제거할 때 보여준 잔혹상을 방불케 한다. 회음후 한

신을 토사구팽한 일을 두고 한신의 우유부단한 모습에서 원인을 찾는 견해도 있지만 1차적인 책임은 유방의 잔혹한 행보에 있다. 당대 최고의 병법가인 한신을 두려워한 결과다.

《사기》의 내용을 종합적으로 분석해볼 때 사마천은 결코 한고조 유방에게 호의적인 게 아니었다. 〈고조본기〉에서 호방한 척하며 속이 좁고, 너그러운 척하며 질투심 많은 유방의 이중적인 면모가 직설적으로 표현된 것만 봐도 그렇다. 그의 행보에 대한 비판적인 시각이 투영된 결과로 해석할 수 있다.

객관적인 측면에서 건달 출신인 유방이 젊었을 때 미관말직인 정장亭長의 자리에 오르면서 가장 횡재한 것은 호족인 여공呂公의 딸 여치呂雉를 새 부인으로 맞이한 일이다. 훗날 여치는 여후가 되어 유방 사후 16년 동안 대권을 오로지했다. 사실상의 여제女帝나 다름 없었다. 그녀의 동생 여산呂産과 여록呂祿 등이 그녀의 유훈을 잘 지키기만 했으면 세상은 유씨가 아닌 여씨의 천하가 될 수도 있었다. 그러나 이들이 우물쭈물하는 바람에 진평과 주발의 전광석화 같은 역공에 걸려 일거에 궤멸되고 말았다. 일부 사가는 이를 '여씨의 난'으로 표현하고 있다. 여러 면에서 여후는 당나라 때 등장한 유일무이한 여제인 측천무후則天武后의 선구자 격에 해당한다. 생전에 새 왕조를 세우지 않았다는 점만이 측천무후와 다를 뿐이다.

당초 유방의 장인인 여공이 유방에게 여후를 시집보내면서 이런 점까지 염두에 두었는지는 알 길이 없다. 다만 자신의 딸이 유방의 새 왕조 건립 과정에 지대한 공헌을 하고, 이후 자신의 혈통인 한혜제漢惠帝가 유방의 뒤를 잇길 바란 것만은 확실하다.

난세와 토패

유방은 젊었을 때 건달로 지내다가 장년에 이르러 비로소 처음으로 관원 시보試補가 됐다. 맡은 직책은 사수군의 가장 큰 정亭인 사수정 泗水亭의 정장亭長이었다. 정장은 10리마다 세워진 '정'의 치안과 소송을 담당한 관원을 말한다. 요즘으로 치면 파출소장과 역장을 합쳐놓은 자리에 가깝다.

당초 유방이 정장으로 있게 된 것은 소하 덕분이었다. 호족 출신인 소하는 같은 호족으로 있던 조씨曹氏와 가까웠다. 조씨네도 소하의 소개를 흔쾌히 받아들였다. 유방과 조씨네 딸 사이에 태어난 아들이 훗날 제왕齊王에 봉해진 유비劉肥로 유방의 서장자다. 유비의 생모 조씨는 사서에 흔히 '조희曹姬'로 기록되어 있다. 《한서》는 특이하게도 그녀를 '외부外婦'로 써놓았다. 외부는 정실 이외의 다른 곳에서 맞아들인 첩 등을 지칭한다. 그녀는 유방이 여치와 혼인하려고 하자 스스로 뒤로 물러났다. 당시 유방은 이를 다행으로 여겼지만 조씨의 오빠 조무상은 앙심을 품은 게 확실하다. 유방이 관중을 장악했을 당시 유방의 사자로 가서 항우에게 유방의 속셈을 고자질한 게 그러한 사실을 뒷받침한다. 결국 조무상은 항우가 그 내막을 토설함으로써 곧바로 유방에 의해 죽임을 당하고 말았다.

기원전 216년, 유방이 연일 토목공사가 진행되고 있는 함양으로 죄수 출신 인부를 이끌고 올라가게 됐다. 그렇게 아홉 달에 걸친 인부의 징발 임무를 무사히 마치고 고향으로 돌아왔는데, 이때 귀로에 오른 인부들의 잠재적인 우두머리가 되었을 가능성이 높다. 진승이 반기를 든 지 두 달 뒤인 기원전 209년 9월, 유방이 고향인 풍읍 서쪽 못 가운데에 있는 '정'에 이르러 호송하던 죄수들을 풀어주며 이같이 말했다.

"그대들은 모두 떠나도록 하시오. 나 또한 여기를 떠날 것이오!"

대부분 크게 사례하며 갈 길을 떠났고 오갈 데 없는 장정이 그대로 남았다. 유방은 패현 일대의 늪지대에 이들과 함께 몸을 숨긴 채 때가 오기를 기다렸다. 얼마 후 아전으로 있던 소하와 조참 등의 지지 덕분에 현령의 자리를 힘으로 빼앗을 수 있었다. 반진의 깃발을 들고 패현의 현령 자리에 오른 것은 의미가 크다. 군벌의 일종인 '토패土霸'의 자리에 앉게 됐기 때문이다.

난세에는 실력도 중요하지만 형식도 무시할 수 없다. 고금을 막론하고 '타이틀'은 설령 그것이 날림으로 만든 것일지라도 나름 일정한 효력을 발휘한다. 유방이 현령의 토패에서 시작해 토왕土王과 토황제土皇帝를 거쳐 마침내 천하를 석권한 것이 그 증거다. 역대 왕조 교체의 역사를 살펴보면 토후土侯, 토패, 토왕, 토황제는 각각 한 끗 차이다. 그러나 토패는 그 아래의 군도 및 토후와는 차원이 다르다. 군대로 치면 영관과 장군의 차이다. 토패와 토왕, 토황제는 동급이다. 소장, 중장, 대장 정도의 차이일 뿐 모두 별이다. 즉 토후에서 토패로 발돋움하는 게 관건이었다. 이들 간의 각축전에서 최후의 승리를 거둔 자가 새 왕조의 창업주가 된다. 그 기반이 바로 토패다. 유방이 토패의 자리에 오름으로써 천자가 될 수 있는 기본요건을 갖추게 된 셈이다.

민심 경영

기원전 207년 3월, 항량의 휘하 장수로 들어간 유방이 지금의 하남성 개봉開封 등지를 공격했으나 승리하지 못했다. 서쪽으로 진격하는 와중에 진나라 장수 양웅楊熊과 지금의 하남성 활현인 백마白馬에서 맞붙게 되었는데, 승부가 나지 않아 싸움터를 지금의 하남성 중모현의 동쪽 곡우曲遇로 옮겼다. 여기서 끝내 유방이 이겼다.

이해 4월, 유방이 문득 남쪽으로 내려가 장량이 유격전을 펼치고 있는 영천潁川 일대를 공략한 뒤 끝까지 저항한 영천성의 군민軍民을 모두 도륙했다. 6월에는 군단 내에서 최정예 부대를 선발해 선봉으로 내세우는 식으로 군을 재편했다. 신속한 진군이 필요하다는 판단에 따른 것이었다. 7월이 되자 결사저항의 의지를 보이던 남양군수 기齮가 항복했다. 장함이 항우에게 항복한 일이 크게 작용했다. 당초 장함이 불리하다는 얘기가 널리 퍼지자 진나라의 방위체계는 내부에서부터 스스로 붕괴하기 시작했다. 여기에 결정타를 가한 게 바로 장함의 투항 소식이었다. 이 소식을 들은 남양군수는 절망했다. 반면 유방은 천시를 만난 셈이었다.

이해 8월, 유방은 함양으로 들어가는 남쪽 관문인 무관武關을 돌파했다. 유방의 군사는 진나라 백성들에게 '해방군'을 자처했다.

"진나라 군사는 의기소침했고, 진나라 백성은 의기양양하며 기뻐했다."

이해 10월, 유방의 군사가 지금의 섬서성 남전현 북쪽에 있는 파상灞上에 이르렀다. 이미 싸움은 끝났다고 판단한 진나라의 마지막 왕 자영子嬰이 곧 장례용 흰 수레와 말을 끌고 나와 항복 의식을 거행했다. 주목할 것은 당시 유방이 함양에 입성한 이후 보여준 일련의 행보다.

"패공과 그의 군사들은 서쪽 함양으로 들어간 뒤 함양의 궁전과 객사에 머무르며 쉬려고 했다. 번쾌와 장량이 거듭 간한 까닭에 진나라의 보물과 재물을 각종 창고에 봉인封印하고 군대를 파상으로 돌렸다."

이해 11월, 유방은 여러 현縣의 부로들과 호걸들을 모두 불러놓고 다음과 같이 말했다.

"나와 제후들이 약속하기를 '먼저 입관하는 자가 관중의 왕이 된다'고 했소. 나는 응당 관중에서 왕을 칭할 것이오. 그 이후에는 여러 부로들과 약속컨대 법3장法三章만이 있을 뿐이오. '사람을 죽인 자는 사형에 처하고, 사람을 다치게 하거나 물건을 훔친 자는 죄의 경중에 따라 처벌한다'가 그것이오. 그 외 진나라의 법은 모두 제거할 것이니 이민吏民들은 안심하고 옛날같이 지내도록 하시오."

법3장은 후대인에게 통상 백성들과 합의해 만들어낸 매우 간명하면서도 공정한 법률인 이른바 '약법約法'의 전형으로 알려져 있다. 이는 민심의 향방을 결정하는 배경으로 작용했다. 21세기에 들어와 많은 전문가가 법3장의 공표를 이른바 '민심 경영'의 대표적인 사례로 꼽는 이유다.

통 큰 군자, 유방

〈고조본기〉에서는 시종 유방을 '통 큰 군자'로 묘사해놓았다. 유방이 나름 그러한 모습을 보인 것은 부인할 수 없는 사실이다. 왕조 교체기 때 승리를 거머쥔 사례를 개관하면 몇 가지 특징을 찾아낼 수 있는데 공교롭게도 초한지제에 그 특징이 모두 드러나 있다. 유방이 최후의 승리자가 된 것도 이런 특징을 겸비한 결과로 내다볼 수 있다. 최근 학자들의 연구 성과를 종합하면 크게 세 가지로 요약된다.

첫째, 인화다. 천시는 난세에 과감히 반기를 들고 봉기한 모든 군웅에게 거의 동일하게 적용된다. 지리 역시 큰 변수는 못 된다. 넓은 영토와 많은 인구를 지닌 쪽이 유리하기는 하나 승패를 좌우하는 결정적 요인은 아니다. 인화는 모든 면에서 불리했던 유방이 최후의 승리를 거둔 근본 배경이다.

둘째, 승시乘時다. 기회가 왔을 때 즉각 이에 올라타야 한다. 항우는 홍문의 연회 때 범증의 계책을 좇아 유방의 목을 치는 결단을 내리거나, 최소한 굴복을 받아내 한중이 아닌 다른 곳에 봉해야 했다. 그러나 그는 그리하지 못하고 유방을 한중왕에 봉했다. 이는 호랑이를 숲에 풀어준 것이나 다름없었다. 이후에도 유방을 제압할 수 있는 기회가 여러 번 있었다. 그러나 항우는 계속 우물쭈물하며 이런 기회들을 날려버렸다. 이것이 유방에게는 부활의 기회로 작용했다. 무슨 수를 써서라도 한신을 우군으로 끌어들여야 하는 최후의 결전 때 유방은 이 기회를 결코 놓치지 않았다.

셋째, 투지鬪志다. 유방은 당대 최고의 전략가이자 용장인 항우를 상대로 싸운 까닭에 시종 비세非勢를 면치 못했다. 그럼에도 결코 좌절하지 않았다. 그는 '투지의 화신'이었다. 팽성을 점령했다가 항우의 기습공격으로 참패를 당했을 때 달아나는 와중에도 수레의 무게를 덜기 위해 어린 자식을 수레 밖으로 밀어 떨어뜨릴 정도로 혼이 났는데도 포기하지 않았다. 매사를 낙관적으로 바라보는 그의 천성이 결과에 적잖은 도움을 주었다는 게 일반적인 평가다.

고금의 모든 싸움이 그렇듯이 판세의 저울추를 기울게 하는 결정적인 '진검 승부'에서 승리하는 자가 천하를 거머쥐기 마련이다. "최후에 웃는 자가 승리자다"라는 독일 속담이 이를 웅변한다. 난세는 기존의 가치와 관행이 일거에 뒤집히는 격동의 시기다. 이런 시기에는 명문가 출신이 오히려 불리하다. 엘리트 의식에 젖어 민심을 제대로 읽지 못하는 게 통폐다.

유방이 천하를 거머쥔 것도 이런 맥락에서 이해할 수 있다. 건달 출신인 까닭에 누구보다 민심에 밝았다는 얘기가 가능해진다. 그는 당초 잃을 게 없었다. 실제로 유방은 시작부터 가볍게 무장한 채 신속히 이동하여 힘을 한 곳에 집중하는 식의 용병술을 구사했다. 중무장한 채 사방으로 뛰어다닌 항우와 대비된다. 항우는 뛰어난 병법과 초인적인 능력을 발휘해 백전백승을 거뒀지만 정작 가장 중요한 득민심得民心에 실패하면서 최후의 순간 주저앉고 말았다.

박수 칠 때 물러나라

장량의 신퇴계

●

身退計

진시황 척살에 나선 장량

〈유후세가〉는 소하 및 조참曹參 등과 더불어 한나라 건국에 결정적인 공헌을 한 책사 장량의 사적을 다룬 전기다. 장량의 원래 성은 주왕실과 마찬가지로 희씨姬氏인데 진시황 암살 미수 사건 이후 장씨로 바뀠다. 그의 조부 희개지姬開地는 한소후와 한선혜왕, 한양애왕 때 재상을 지냈다. 부친 희평姬平도 한희왕과 한도혜왕 때 재상을 지냈다. 한도혜왕 23년인 기원전 250년에 부친 희평이 죽고, 이후 20년 뒤에 진나라가 한나라를 병탄했다.

당시 장량은 나이가 어려 한나라에서 벼슬을 하지는 않으나 그의 집에는 노복이 3백 명이나 있었다. 그는 동생이 죽었는데도 장례를 치르기는커녕 오히려 가산을 모두 털어 진시황 척살에 나설 자객을 찾아나섰다. 조상이 5대에 걸쳐 한나라 재상을 지냈기에 평민으로 몰락한 자신의 처지에 대한 울분이 다른 사람들보다 훨씬 컸을 것이다.

진시황 29년인 기원전 218년, 천하 순시에 나선 진시황이 지금의 하남성 양무현陽武縣의 동남쪽에 있는 박랑사博浪沙에 이르렀을 때 장량에게 고용된 창해군滄海君의 역사가 철추鐵椎를 날렸다. 120근에 달하는 철추가 어가 대신 여벌로 따라가던 수레인 부거副車에 맞았다. 진시황이 크게 놀라 역사를 잡고자 했으나 실패했다. 천하에 명을 내려 10일 동안 대대적인 수색을 펼쳤지만 허사였다. 장량은 이름을 바꾼 뒤 지금의 강소성 수녕현 서북쪽의 하비下邳로 가서 몸을 숨겼다.

장량의 진시황 척살 음모는 기본적으로 천하통일 이전 시대로 돌아가고자 하는 '산동山東6국' 귀족세력의 반동적인 행보를 상징한다. 산동은 진나라의 동쪽 경계선인 효산崤山의 동쪽을 지칭하는 말로 산동6국은 전국7웅 가운데 진나라를 제외한 한나라, 조나라, 위나라, 연나라, 제나라, 초나라를 상징한다. 즉 관중으로 들어가기 위해 반드시 거쳐야 할 함곡관 이동 지역을 가리키며, 관동關東 또는 관외關外라고도 불린다. 관외에서 관중 즉, 관내關內로 들어가는 것을 통상 입관入關, 관내에서 관외로 나가는 것을 출관出關이라고 했다. 입관과 출관은 주로 함곡관을 통해 이뤄졌으나 남쪽 무관武關을 통하는 경우도 있었다. 이는 유방이 입관한 길이기도 하다.

장량이 진시황 척살에 나선 것은 관중과 관동을 하나로 묶는 천하대세의 도도한 흐름에 비춰볼 때 지극히 퇴행적인 몸짓이었다. 그는 내심 진시황의 급서에 따른 혼란을 틈타 패망한 고국을 부활시키려고 했음에 틀림없다. 몰락한 한나라의 귀족 입장에서는 이것이 '정의'일 수도 있다. 그러나 천하의 순리에 따르면 이는 역사의 시계를 거꾸로 돌리려는 '반동'에 지나지 않았다.

황석공과《삼략》

장량이 몸을 숨긴 하비는 사수泗水의 하류에 있는 작은 마을이다. 사수는 태산의 중간 지점에서 발원해 서쪽으로 공자의 고향인 곡부를 거친 후 남쪽으로 방향을 틀어 유방의 고향인 패현沛縣에 이른다. 여기서 다시 약 20킬로미터 가량 흘러가면 장량이 유방을 만난 유현留縣이 나온다. 훗날 장량은 논공행상에서 이곳을 봉지로 받기도 했다.

하루는 장량이 하비 외곽을 흐르는 강 위에 놓인 다리를 천천히 걸으며 산책을 하고 있었다. 이때 거친 삼베옷을 입은 한 노인이 장량이 있는 곳으로 다가오더니 자신의 신발을 다리 밑으로 떨어뜨렸다. 그러고는 장량을 돌아보며 다음과 같이 말했다.

"얘야, 어서 내려가서 신발을 가져오도록 해라!"

장량은 내심 화가 났지만 노인의 말을 거절할 수 없어 다리 아래로 내려가 신발을 주워왔다. 노인이 말했다.

"신발을 신겨라!"

장량은 기왕에 신을 주워왔으므로 꾹 참고 꿇어앉아 노인에게 신발을 신겨주었다. 노인은 이내 웃으며 가버렸다.

이런 일이 몇 번 더 있고 나서 노인이 장량에게 병서 한 권을 건넸는데, 제목이 《태공병법太公兵法》이었다. 장량이 이를 기이하게 여겨 늘 소리 내어 읽으며 열심히 익혔다.

후대인은 삼베옷을 입은 노인 황석공이 전해준 《태공병법》이 바로 《삼략三略》이고, 저자 역시 《육도》와 마찬가지로 태공망 여상일 것으로 생각했다. '육도삼략'의 명칭이 나오게 된 배경이다.

유방과의 만남

장량이 은신처인 하비에서 다시 기지개를 켜게 된 것은 진승과 오광이 반진의 깃발을 든 이후다. 그는 초왕 경구에게 몸을 의탁하기 위해 무리를 이끌고 가다가 본거지인 풍읍을 탈환하고자 경구 밑으로 들어간 유방의 군사와 우연히 만나게 됐다.

"진섭이 기병했을 때 장량 역시 수백 명의 소년들을 모아놓고 있었다. 초왕 경구가 유현에 머물러 있는 동안 장량이 무리를 이끌고 가서 몸을 의탁하고자 했다. 경구를 찾아가던 도중 유방의 무리와 마주치자 이내 그의 무리로 들어갔다. 당시 유방은 수천 명의 휘하를 이끌고 하비의 서쪽을 공략하러 가던 중이었다."

당초 장량은 진승이 봉기했을 때 곧바로 은신하고 있던 하비에서 재빨리 백 명의 소년들을 그러모은 뒤 반기를 들었다. 그가 휘하의 무리를 이끌고 경구를 찾아간 것은 경구가 자신의 지략을 받아줄 만한 인물인지의 여부를 타진하기 위함이었다.

많은 사람이 두 사람의 해후를 역사적인 만남으로 미화하고 있으나 이는 지나친 해석이다. 유방이 장량을 처음 만나 얘기를 나눈 후 말을 담당하는 책임자인 '구장廐將'으로 삼은 사실이 이를 뒷받침한다. 유방이 첫 만남에서 장량을 당대의 지낭으로 믿었다면 구장의 직책을 맡겼다는 게 아무래도 이상하지 않은가? 그럼에도 〈유후세가〉에는 두 사람의 만남을 극적으로 묘사해놓았다. 장량이 태공망 여상의 병법을 말했을 때 아무도 이를 이해하지 못했으나 유방만이 곧바로 이해했다는 식이다. 장량이 이에 다음과 같이 탄복했다고 한다.

"패공이야말로 거의 하늘이 내려준 인물이다!"

이러한 부분은 후대 사가의 윤색으로 보는 게 옳다. 두 사람이 해후할 당시 유방의 나이는 30세, 장량은 부친이 사망한 기원전 250년에 태어났다고 가정해도 43세가 된다. 장량이 열 살 이상 더 많은 셈이다. 유방이 연장자인 장량의 말을 경청하는 듯한 모습을 보일 수는 있지만 마치 군신의 관계에 있는 양 장량이 유방에게 '하늘이 내려준 인물'이라는 말을 운운했을 가능성은 거의 없다고 보는 게 합리적이다. 두 사람이 마치 삼국시대의 유비 및 제갈량처럼 물과 물고기의 사귐인 수어지교水魚之交로 만나게 됐음을 시사한다.

사면 협공 계책

〈고조본기〉에는 유방이 팽성전투에서 참패해 가까스로 사지를 빠져 나와 황급히 도주할 당시 제후들이 모두 유방을 배반하고 다시 초나라에 붙었다고 기록하고 있다. 이렇듯 천하대세는 팽성전투를 계기로 다시 항우쪽으로 유리하게 기울기 시작했다. 그러나 확실히 승패가 나기 전까지는 끝난 게 아니듯 또 다시 이를 뒤집는 듯한 사태가 빚어졌다. 바로 항우가 어렵사리 세워놓은 제나라왕 전가田假가 항우에게 패한 전영田榮의 동생 전횡田橫의 공격을 받고 초나라로 도주한 게 빌미가 됐다.

당시 화가 난 항우가 전가의 목을 베어버렸지만 이것으로 끝날 일이 아니었다. 제나라가 계속 북쪽에서 위협을 가할 경우 항우는 서쪽의 유방과 동쪽의 전횡에게 양면 협공을 당할 소지가 컸다. 게다가 북쪽의 팽월과 남쪽의 영포까지 유방에게 가세하는 일이 빚어지면 그야말로 옴짝달싹도 못하는 곤경에 처하게 된다. 실제로 일이 우려하던 방향으로 전개됐다.

어떤 싸움이든 종료가 선언될 때까지 방심은 금물이다. 역전에 역전이 거듭될 수 있기 때문이다. 국지전 승리에 도취해 긴장의 끈을 놓는 순간 빈틈을 보이게 되고, 그 틈을 노려 상대가 공격해 들어올 경우 졸지에 상황은 역전되고 만다. 안타깝게도 항우가 바로 이 덫에 걸리고 말았다. 유방이 반사이익을 누린 것은 말할 것도 없다.

그렇다고 유방이 아무런 노력도 기울이지 않았다는 얘기는 결코 아니다. 오히려 정반대로 보는 게 옳다. 당시 유방은 팽성전투의 참패를 만회하기 위해 절치부심했다. 병법에 나오는 온갖 궤계를 모두 동원한 것만 봐도 그렇다. 그러나 어느 정도 한계가 있었다. 제후들 대부분이 다시 항우 쪽에 붙었기 때문이다. 이들을 탓할 수만도 없었다. 선택 하나로 운명이 뒤바뀌는 난세의 상황에서 불가피한 면이 있었다. 〈유후세가〉에 따르면 당시 유방은 크게 위축되어 있었는데, 이때 장량이 국면을 일거에 바꿀 수 있는 방안을 제시했다.

"구강왕 경포는 초나라 출신의 맹장으로 지금 항우와 사이가 벌어졌다고 합니다. 또한 팽월은 제나라와 더불어 양나라 땅에서 항우에게 반기를 들고 있습니다. 이 두 사람이라면 가히 지금처럼 위급한 상황에 즉시 써먹을 수 있을 것입니다. 또한 대왕의 휘하 장수 가운데 오직 한신만이 대사를 맡을 수 있습니다. 한신이라면 능히 한쪽을 담당할 수 있을 것입니다. 만약 관동 땅을 내놓을 생각이면 이들 세 명에게 내주십시오. 그러면 가히 초나라를 깨뜨릴 수 있습니다!"

유방이 항우를 제압한 결정적인 계책이 바로 여기서 나왔다. 일각에서는 이를 '사면 협공 계책'이라고 한다. 북쪽의 팽월과 동쪽의 한신, 서쪽의 유방, 남쪽의 경포가 동시에 사면으로 협공을 가하는 계책을 말한다. 후대인들이 장량을 두고 '천하제일의 지낭'이라고 평하는 이유다.

잘못된 방향으로 나아가는 것을 막다

장량이 천하의 지낭이라는 소리를 듣게 된 배경에는 역이기의 퇴행적인 봉건정封建政 획책을 저지한 일이 크게 작용했다. 유방은 항우의 거센 반격으로 군량 수송로가 자주 끊겨 한나라 군사들이 궁지에 몰리자 역이기와 함께 이 문제를 심각하게 논의했다.

역이기가 건의했다.

"진나라가 덕을 잃고 의를 버린 채 제후들을 침공해 그들의 사직을 훼멸하고 송곳을 간신히 꽂을 땅조차 없게 만들었습니다. 폐하가 실로 6국의 후예들을 다시 세울 수만 있다면 모든 군신과 백성들은 반드시 폐하의 은덕에 감격해하며 크게 칭송할 것입니다."

"훌륭한 말씀이오. 빨리 인새印璽를 새겨 가지고 가도록 하시오."

역이기가 아직 출발하지 않았을 때 장량이 밖에서 들어와 알현했다. 유방은 마침 식사 중이었다.

"자방子房, 어서 오시오. 손님 중에 나를 위해 초나라를 뒤흔들 계책을 마련한 사람이 있소."

그러고는 역이기의 계책을 장량에게 전하며 의중을 물었다.

"이 계책은 어떻소?"

장량이 목소리를 높였다.

"누가 폐하를 위해 그런 계책을 세웠습니까? 그리 하면 폐하의 대업은 끝나버릴 것입니다!"

"왜 그렇다는 것이오?"

장량이 정색하며 말했다.

"청컨대 대왕을 위해 상 위의 젓가락을 빌려 그 계책의 잘못을 그려보이겠습니다. 옛날 탕왕과 무왕이 걸과 주의 후예를 제후로 봉한 것은 그들의 죽고 사는 운명을 능히 제어할 수 있다고 생각했기 때문입니다. 지금 대왕이 항우의 목숨을 제어할 수 있습니까? 지금 천하의 선비들이 대왕을 좇아 참전하는 것은 약간의 땅이라도 얻고 싶은 마음 때문입니다. 지금 6국의 후예를 다시 세우면 천하의 선비들이 각기 그들의 군주에게 돌아갈 것입니다. 그리 되면 대왕은 누구와 더불어 천하를 취할 수 있겠습니까? 장차 6국의 군주는 이내 다시 약해져 초나라를 좇을 터인데, 대왕이 어찌 그들에게 칭신稱臣을 요구할 수 있겠습니까? 실로 빈객의 계책을 채택하면 대왕의 천하 대사는 모두 끝나버리고 말 것입니다."

유방이 이 말을 듣고는 먹던 음식을 내뱉은 뒤 역이기를 향해 마구 욕을 해댔다.

"이 유생 놈, 하마터면 내가 생각하는 대사를 거의 망칠 뻔했다!"

그러고는 곧바로 명을 내려 인새를 녹여버리게 했다. 이것이 바로 '화저조봉畫著阻封'이다. 젓가락으로 그림을 그려 유방을 설득함으로써 분봉分封 사태를 막았다는 뜻이다. 흔히 '쉬운 비유를 들어 잘못된 방향으로 나아가는 것을 막는다'는 뜻으로 사용된다. 이 일화는 천하의 지낭으로 손꼽히는 장량의 진면목이 잘 드러난다. 당시 유방이 통일제국의 도도한 흐름을 거스른 역이기의 봉건정 계책을 좇았으면 이내 항우의 전철을 밟았을 것이다.

한 우물을 파라

객관적으로 볼 때 한나라 개국공신 가운데 장량만큼 뛰어난 학식을 지닌 자도 없다. 유방 자신이 한미한 정장 출신인 것에서 알 수 있듯이 그의 주변 인물들 모두 시정잡배 수준에 지나지 않았다. 소하와 조참은 그래도 소리小吏를 지낸 까닭에 그나마 나은 편이었다. 그러나 장량만큼은 조상이 한나라에서 대대로 고관을 지낸 명문가 출신이었을 뿐만 아니라 경전과 병서 등을 체계적으로 깊이 공부한 인물로 차원이 달랐다. 그런 그가 유방의 휘하로 들어간 것은 자신이 지니지 못한 뛰어난 1인자 리더십을 유방이 보유하고 있다는 사실을 알아챘기 때문이다.

그가 토사구팽을 당한 한신과 달리 시종 유방의 의심으로부터 벗어나 있던 것도 이런 맥락에서 이해할 수 있다. 대표적인 예로 유방이 천하를 평정하자마자 신선술을 배우는 등 도인을 흉내 낸 것을 들 수 있다. 《도덕경》에서 역설한 '공성신퇴'를 실천한 셈이다. 여러

모로 월왕 구천의 패업 완수를 도운 뒤 미련 없이 그 곁을 떠난 범리의 행보를 연상하게 한다. 당시 유방은 조금이라도 위협이 될 만한 자가 있으면 온갖 구실을 만들어 가차 없이 저승길로 보냈다. 장량이 대공을 이룬 뒤 현실정치에서 손을 뗀 이유다.

장량의 삶에서 가장 눈여겨볼 대목은 진시황 척살 음모에서 보여주듯이 목표를 한 번 정하면 모든 노력을 기울여 그것을 관철하고자 했다는 점이다. 일종의 '선택과 집중'에 해당한다. 《손자병법》을 비롯한 모든 병서가 역설하고 있듯이 힘을 한곳에 집중시켜야만 바라는 업적을 이룰 수 있다. 천하를 거머쥐고자 하는 경우는 더 말할게 없다. 이것은 고금을 막론하고 예외가 없는 사실이다. "우물을 파도 한 우물을 파라"는 우리말 속담이 이를 웅변한다.

부록 1	춘추전국시대 및 초한지제 연표	

기원전	연대	사건
781	주유왕 원년	신후申侯의 딸을 왕후로 책립
777	5년	왕후 강씨姜氏가 태자 의구宜臼을 폐함
771	11년	신후가 견융과 결탁해 주유왕을 죽이고 평왕을 옹립함
770	주평왕 원년	주평왕이 성주成周를 낙읍으로 천도함
767	4년	정나라가 괵나라를 멸함
719	주환왕 원년	위나라 공자 주우州吁가 주군을 시해함
696	주장왕 원년	위선공衛宣公이 며느리를 가로챔
694	3년	제양공齊襄公이 팽생彭生을 시켜 노환공을 죽임
686	11년	제나라 무지無知가 제양공을 시해함
685	12년	포숙아鮑叔牙가 제환공齊桓公에게 관중管仲을 천거함
679	주희왕 3년	제환공이 첫 패자가 됨
666	주혜왕 11년	진헌공이 여희驪姬을 부인으로 삼음
660	17년	노나라 경보慶父가 노민공을 시해하자 3환三桓이 흥성함
658	19년	제후들이 위나라의 초구楚丘에 성을 쌓음
655	22년	진晉나라가 괵虢과 우虞을 멸함, 중이重耳가 적狄으로 달아남
651	주양왕 원년	규구葵丘의 결맹이 이뤄짐, 진나라 이극里克이 해제奚齊를 죽임
650	2년	이극이 탁자卓子를 시해함, 진晉이 이오를 귀국시킴
649	3년	왕자 대帶가 융인을 불러들여 경사京師을 침
648	4년	관중이 주왕실의 내분을 평정함
645	7년	관중 죽음, 진목공秦穆公이 진혜공晉惠公을 잡았다가 풀어줌
643	9년	제환공 죽음, 진나라 태자 어圉가 진秦에 인질로 감
642	10년	중이가 제나라로 옴, 송양공宋襄公이 제효공을 옹립함
639	13년	초나라가 송양공을 잡았다가 풀어줌
638	14년	진나라 공자 어圉가 귀국함, 초나라가 송양공을 홍泓에서 대파함
636	16년	중이가 진회공晉懷公을 죽이고 즉위함, 주양왕이 정나라로 달아남
635	17년	진문공晉文公이 주양왕을 복위시키자 주양왕이 왕자 대帶를 죽임

633	19년	진나라가 3군을 창설함
632	20년	진문공이 초군을 성복城濮에서 대파하고 천토踐土에서 결맹함
628	24년	진문공 죽음
627	25년	진나라가 진군秦軍을 효殽에서 격파함
626	26년	초나라 상신商臣이 초성왕을 시해하고 초목왕으로 즉위함
624	28년	진목공이 진晉나라를 무찔러 주왕실로부터 공인받음
621	31년	진나라가 2군을 감축함, 진목공 죽음
617	주경왕頃王 2년	진秦이 진나라를 침
614	5년	초목왕이 죽고 초장왕楚莊王이 즉위함
613	6년	제나라 상인商人이 제소공을 시해함
611	주광왕 2년	진나라 조돈趙盾이 진영공晉靈公을 시해함
606	주정왕 원년	초장왕이 육혼의 융인을 치고 구정九鼎의 무게를 물음
597	10년	초장왕이 필邲에서 진군晉軍을 대파하고 청구淸丘에서 결맹함
591	16년	초장왕 죽음
585	주간왕 원년	오왕 수몽壽夢이 처음으로 주왕실에 입조함
551	주영왕 21년	공자孔子가 탄생함
548	24년	대부 최저崔杼가 제장공齊莊公을 시해함
546	26년	초나라가 진나라와 강화함, 제나라 최저가 자살함
544	주경왕景王 원년	오왕 여채餘祭가 피살됨
541	4년	초나라 공자 위圍가 초영왕楚靈王으로 즉위함
538	7년	초영왕이 오나라를 치고 제나라의 경봉慶封을 죽임
536	9년	정나라 자산子産이 형정刑鼎을 주조함
522	23년	오자서가 오나라로 도망가고 태자 건이 송宋나라로 달아남
519	주경왕敬王 원년	진나라가 왕자 조朝를 치고 오나라가 6국의 군사를 격파함
515	5년	오나라 공자 광光 합려闔廬가 주군을 시해하고 등극함
506	14년	오나라가 초나라 도성을 함락시킴
505	15년	월나라가 오나라를 침
504	16년	초나라가 약鄀으로 천도함
496	24년	오왕 합려가 죽음

494	26년	오왕 부차가 월왕 구천을 회계에서 항복시킴
485	35년	오자서 죽음
482	38년	오왕 부차가 황지黃池에서 제후와 회맹함
481	39년	공자가 획린獲麟함, 제나라 진항陳恒이 군주를 시해함
479	41년	공자 죽음. 초나라 백공白公 승勝이 반기를 들었다가 자진함
475	주원왕 3년	오왕 부차가 월왕 구천에게 포위되어 자결함
431	주고왕 15년	서주西周 혜공이 아들 반班을 공鞏에 세우고 동주東周를 칭함
423	주위열왕 23년	3진三晉이 시작됨
400	주안왕 5년	섭정聶政이 한나라 재상 협루俠累를 죽임
396	6년	위문후魏文侯가 죽고 아들 위무후가 즉위함
379	23년	전씨田氏가 제강공齊康公을 죽이고 제나라를 빼앗음
375	주열왕 원년	한나라가 정나라를 멸하고 양척陽翟으로 천도함
361	주현왕 8년	진秦나라가 상앙商鞅을 기용함
359	10년	진나라가 상앙을 좌서장左庶長에 기용해 제1차 개혁을 단행함
351	18년	신불해가 한나라의 재상이 됨
350	19년	진나라가 함양으로 천도함, 상앙이 제2차 개혁을 단행함
338	31년	진효공이 죽고 상앙이 거열형에 처해짐
337	32년	신불해가 죽음
328	41년	진나라가 처음으로 장의張儀를 상국相國으로 삼음
325	44년	진나라가 처음으로 왕을 칭함
318	주신정왕 5년	진나라가 촉나라를 멸함
313	주난왕 2년	장의가 초나라의 재상이 됨
312	3년	초회왕楚懷王이 진나라를 치다가 대패함
311	4년	장의가 각국에 유세함
309	6년	장의가 위나라에서 죽음
299	16년	맹상군이 진나라 승상이 됨
298	17년	맹상군이 제나라로 도망쳐 옴
296	19년	초회왕이 진나라에서 죽음
288	27년	진소양왕이 서제西帝를 칭하고 제왕을 동제東帝로 칭함

279	36년	연燕의 악의樂毅가 조나라로 망명함
278	37년	진나라가 초나라 도성 영郢을 함락시킴
277	38년	진나라가 초나라의 무巫와 검중黔中을 점령함
272	43년	초나라가 태자를 인질로 삼아 진秦과 강화함
263	52년	초고열왕이 즉위하자 춘신군이 재상이 됨
260	55년	진나라 장수 백기가 장평長平에서 조나라 군사를 대파함
259	56년	진시황이 탄생함
257	58년	진나라 장수 백기가 자진함
251	진소양왕 56년	조나라의 평원군이 죽음
250	진효문왕 원년	진효문왕이 즉위 이틀 만에 죽음
249	진장양왕 원년	노나라가 멸망함
247	3년	진시황이 즉위함
242	진시황 9년	장신후 노애嫪毐의 반란이 일어남
237	10년	여불위를 파면함
235	12년	여불위가 자진함
233	14년	한비자韓非子가 자진함
227	20년	형가荊軻가 진시황 척살에 실패함
225	22년	진나라 장수 왕분王賁이 위나라를 쳐 멸망시킴
223	24년	초나라가 멸망함
222	25년	진나라가 요동에서 연왕燕王을 생포함
221	26년	진시황이 제나라를 멸하고 천하를 통일함
213	34년	이사가 분서焚書를 건의함
210	37년	진시황이 사구沙丘에서 사망함, 호해胡亥가 2세 황제로 즉위함
209	진2세 원년	진승陳勝이 기병함
208	2년	항량이 정도定陶 싸움에서 장함章邯에게 패사함
207	3년	항우가 진나라 군사를 거록鉅鹿에서 대파함
206	한고조 원년	항우가 진나라 항졸 20만 명을 갱살함, 유방이 약법3장을 선포함
205	2년	항우가 18왕을 분봉하고 의제를 죽임
204	3년	항우가 3만 병력으로 유방 연합의 56만 대군을 격파함

203	4년	초나라 군사가 형양을 포위함, 한신이 용저龍且를 격파함
202	5년	항우가 해하에서 패사함
201	6년	유방이 황제로 즉위함, 한신이 초왕으로 이봉移封됨
198	9년	승상 소하가 상국相國이 됨
197	10년	진희가 모반함
196	11년	회음 후 한신이 멸족 당함
195	12년	유방이 붕어함
194	한혜제 원년	척부인 인체人彘가 됨
193	2년	소하가 죽고 조참이 상국이 됨
190	5년	조참이 훙薨함
189	6년	장량이 훙함, 왕릉과 진평이 승상이 됨
188	7년	혜제가 붕어함, 여후가 대권을 잡음
187	고후 원년	여후가 선부先父를 선왕宣王으로 추존함
184	4년	여후가 소제少帝 유공劉恭을 유폐시켜 살해함
181	7년	여후가 조왕 유우劉友를 아사시킴, 후임 유회劉恢가 분사憤死함
180	8년	승상 진평과 태위 주발이 여씨를 주살하고 대왕代王을 옹립함
179	한문제 원년	진평을 좌승상 태위 주발을 우승상 대장군 관영을 태위로 삼음

1. 수隋

시호	이름	연호
문제文帝	양견楊堅	개황(開皇 581. 2 - 600), 인수(仁壽 601 - 604)
양제煬帝	양광楊廣	대업(大業 605 - 618. 3)
공제恭帝	양유楊侑	의녕(義寧 617. 11 - 618. 5)
월왕越王	양동楊侗	황태(皇泰 618. 5 - 619. 4)

2. 당唐

시호	이름	연호
고조高祖	이연李淵	무덕(武德 618. 5 - 626)
당태종太宗	이세민李世民	정관(貞觀 627 - 649)
고종高宗	이치李治	영위(永徽 650 - 655), 현경(顯慶 656 - 661. 2)
		용삭(龍朔 661. 3 - 663), 인덕(麟德 664 - 665)
		건봉(乾封 666 - 668. 2), 총장(總章 668. 2 - 670. 2)
		함형(咸亨 670. 3 - 674. 8), 상원(上元 674. 8 - 676. 11)
		의봉(儀鳳 676. 11 - 679. 6), 조로(調露 679. 6 - 680. 8)
		영륭(永隆 680. 8 - 681. 9), 개요(開耀 681. 9 - 682. 2)
		영순(永淳 682. 2 - 683), 홍도(弘道 683. 12)
중종中宗	이현李顯	사성(嗣聖 684. 1 - 2)
예종睿宗	이단李旦	문명(文明 684. 2 - 8)
측천則天	무조武曌	광택(光宅 684. 9 - 12), 수공(垂拱 685 - 688)
		영창(永昌 689. 1 - 12), 재초(載初 689. 11 - 690. 8)
		천수(天授 690. 9 - 692. 3), 여의(如意 692. 4 - 9)
		장수(長壽 692. 9 - 694. 5), 연재(延載 694. 5 - 12)
		증성(證聖 695. 1 - 9), 천책만세(天冊萬歲 695. 9 - 11)
		만세등봉(萬歲登封 695. 12 - 696. 3)
		만세통천(萬歲通天 696. 3 - 697. 9)
		신공(神功 697. 9 - 12), 성력(聖曆 698 - 700. 5)

		구시(久視 700. 5 – 701. 1), 대족(大足 701. 1 – 10)
		장안(長安 701. 10 – 704), 신룡(神龍 705 – 707. 9)
중종中宗	이현李顯	경룡(景龍 707. 9 – 710. 6)
상제殤帝	이중무李重茂	당룡(唐隆 710. 6 – 7)
예종睿宗	이단李旦	경운(景雲 710. 7 – 712. 1), 태극(太極 712. 1 – 4)
		연화(延和 712. 5 – 8)
현종玄宗	이융기李隆基	선천(先天 712. 8 – 713. 11), 개원(開元 713. 12 – 741)
		천보(天寶 742 – 756. 7)
숙종肅宗	이형李亨	지덕(至德 756. 7 – 758. 2), 건원(乾元 758. 2 – 760. 윤4)
		상원(上元 760. 윤4 – 761. 9), 보응(寶應 762. 4 – 763. 6)
대종代宗	이예李豫	광덕(廣德 763. 7 – 764), 영태(永泰 765 – 766. 11)
		대력(大曆 766. 11 – 779)
덕종德宗	이괄李适	건중(建中 780. – 783), 흥원(興元 784)
		정원(貞元 785 – 805. 8)
순종順宗	이송李誦	영정(永貞 805. 8)
헌종憲宗	이순李純	원화(元和 806 – 820)
목종穆宗	이항李恒	장경(長慶 821 – 824)
경종敬宗	이담李湛	보력(寶曆 825 – 827. 2)
문종文宗	이앙李昂	대화(大和 827. 2 – 835), 개성(開成 836 – 840)
무종武宗	이전李瀍	회창(會昌 841 – 846)
선종宣宗	이침李忱	대중(大中 847 – 860. 10)
의종懿宗	이최李漼	함통(咸通 860. 11 – 874. 11)
희종僖宗	이현李儇	건부(乾符 874. 11 – 879), 광명(廣明 880 – 881. 7)
		중화(中和 881. 7 – 885. 3), 광계(光啓 885. 3 – 888. 1)
		문덕(文德 888. 2 – 12)
소종昭宗	이엽李曄	용기(龍紀 889), 대순(大順 890 – 891)
		경복(景福 892 – 893), 건녕(乾寧 894 – 898. 8)
		광화(光化 898. 8 – 901. 3), 천복(天復 901. 4 – 904. 윤4)
		천우(天祐 904. 윤4 – 907. 3)

난세에 통하는 리더의 계책

제1판 1쇄 인쇄 │ 2017년 11월 29일
제1판 1쇄 발행 │ 2017년 12월 7일

지은이 │ 신동준
펴낸이 │ 한경준
펴낸곳 │ 한국경제신문 한경BP
편집주간 │ 전준석
책임편집 │ 장민형
기획 │ 유능한
저작권 │ 백상아
홍보 │ 남영란 · 조아라
마케팅 │ 배한일 · 김규형
디자인 │ 김홍신

주소 │ 서울특별시 중구 청파로 463
기획출판팀 │ 02-3604-553~6
영업마케팅팀 │ 02-3604-595, 583 FAX │ 02-3604-599
H │ http://bp.hankyung.com   E │ bp@hankyung.com
T │ @hankbp   F │ www.facebook.com / hankyungbp
등록 │ 제 2-315(1967. 5. 15)

ISBN   978-89-475-4287-6   03910